ATRIUM

»Was soll einer einnehmen, den die trostlose Einsamkeit des möblierten Zimmers quält oder die nasskalten, nebelgrauen Herbstabende? Zu welchen Rezepten soll der greifen, den der Würgeengel der Eifersucht gepackt hat? Womit soll ein Lebensüberdrüssiger gurgeln?«

Die Antwort auf diese von ihm selbst gestellten Fragen liefert Erich Kästner mit diesem Buch, einer unverzichtbaren Sammlung »seelisch verwendbarer Strophen«, die Trost und Hilfe in allen Lebenslagen garantieren.

**Erich Kästner**, 1899 in Dresden geboren, begründete gleich mit zwei seiner ersten Bücher seinen Weltruhm: *Herz auf Taille* (1928) und *Emil und die Detektive* (1929). Nach der Machtübernahme der Nationalsozialisten wurden seine Bücher verbrannt, sein Werk erschien nunmehr in der Schweiz im Atrium Verlag. Erich Kästner erhielt zahlreiche literarische Auszeichnungen, u. a. den Georg-Büchner-Preis. Er starb 1974 in München.

# ERICH KÄSTNER

# Doktor Erich Kästners Lyrische Hausapotheke

Gedichte für den Hausbedarf der Leser

Nebst einem Vorwort und einer nutzbringenden Gebrauchsanweisung samt Register

Atrium Verlag · Zürich

MIX
Papier aus verantwortungsvollen Quellen
FSC® C014496

Neuausgabe
2. Auflage 2018

Erstveröffentlichung:
Atrium Verlag AG, Zürich, 1936

Umschlaggestaltung: www.b3k-design.de,
Andrea Schneider und Max Bartholl, unter
Verwendung des Konzepts von Christoph Krämer
Umschlagillustration von Hans Traxler, 2009
Satz: hanseatenSatz-bremen, Bremen
Druck und Bindung: GGP Media GmbH, Pößneck
Printed in Germany
ISBN 978-3-03882-013-0

www.atrium-verlag.com

*Inhalt*

*Vorwort*

Der Plan, unter meinen Gedichten, den schon und den noch nicht veröffentlichten, eine Auswahl zu treffen und in handlichem Format vorzulegen, ist beträchtlich älter als dieser Band, der jenen Plan verwirklicht. Es war seit jeher mein Bestreben, seelisch verwendbare Strophen zu schreiben. Im Widerspruch mit dem eigenen Bedürfnis enthielt ich mich regelmäßig jeder Publikation, die nichts weiter gewesen wäre als die Bekanntgabe persönlicher Stimmungen und Einsichten. Und seit Jahren schwebte mir, wie bereits erwähnt, diese »Lyrische Hausapotheke« vor. Ein der Therapie dienendes Taschenbuch. Ein Nachschlagewerk, das der Behandlung des durchschnittlichen Innenlebens gewidmet ist. Wer Kopfweh hat, nimmt Pyramidon. Wer an Magendrücken leidet, schluckt doppeltkohlensaures Natron. Bei Halsschmerzen gurgelt er mit Wasserstoffsuperoxyd. Und in dem Schränkchen, das Hausapotheke heißt, halten sich, dem Menschen zu helfen, überdies Baldrian, Leukoplast, Choleratropfen, Borsalbe, Pfefferminztee, Mullbinden, Jodtinktur und Sublimatlösung in Alarmbereitschaft. Aber manchmal helfen keine Pillen. Denn was soll einer einnehmen, den die trostlose Einsamkeit des möblierten Zimmers quält oder die nasskalten, nebelgrauen Herbstabende! Zu welchen Rezepten soll der greifen, den der Würgeengel der

Eifersucht gepackt hat? Womit soll ein Lebensüberdrüssiger gurgeln? Was nützen dem, dessen Ehe zerbricht, lauwarme Umschläge? Was soll er mit einem Heizkissen anfangen? Die Einsamkeit, die Enttäuschung und das übrige Herzeleid zu lindern, braucht es andere Medikamente. Einige davon heißen: Humor, Zorn, Gleichgültigkeit, Ironie, Kontemplation und Übertreibung. Es sind Antitoxine. Doch welcher Arzt verschriebe sie, und welcher Provisor könnte sie in Flaschen füllen?

Der vorliegende Band ist der Therapie des Privatlebens gewidmet. Er richtet sich, zumeist in homöopathischer Dosierung, gegen die kleinen und großen Schwierigkeiten der Existenz. Er betrifft die Pharmazie der Seele und heißt zu Recht »Hausapotheke«. (Hinsichtlich der Homöopathie wäre noch zu bemerken, dass es zweckvoller ist, mit einem Pfeil ins Schwarze als mit einer Granate ins Blaue zu treffen.)

Eine Arzneiflasche ohne Etikett ist – auch das darf nicht unerwähnt bleiben – ebenso unnütz wie ein Etikett ohne Arzneiflasche. Und welchen Sinn hätte der gesamte Inhalt einer Hausapotheke ohne Gebrauchsanweisung und ohne Etiketts? Nicht den geringsten Sinn! Die Hausapotheke würde zum Giftschrank!

Aus dieser Überlegung heraus stellte ich ein Schlagwortregister zusammen. Es folgt der Einleitung, und der Leser soll es benutzen, so oft er Störungen seines Innenlebens mindern oder beheben will. Der Katalog ist, obwohl er von A bis Z reicht, unvollständig. Es gibt zu viele Anlässe, mit sich selber und anderen zu hadern, als dass man dergleichen auf wenigen Seiten übersichtlich und erschöpfend rubrizieren könnte.

Immerhin: Mit Hilfe des Registers werden sich die gereimten Rezepte und Hausmittel in so manchem Fall bewähren können. Stecken Sie das Taschenbuch in die Tasche! Und ziehen Sie's hervor, wenn Not am Mann ist! Es tut wohl, den eigenen Kummer von einem andren Menschen formulieren zu lassen. Formulierung ist heilsam.

Es ist zudem bekömmlich, zu erfahren, dass es anderen nicht anders und nicht besser geht als uns selber. Es beruhigt aber auch zuweilen, das gerade Gegenteil dessen, was man empfindet, nachzufühlen. Die Formulierung, die Verallgemeinerung, die Antithese, die Parodie und die übrigen Variationen der Maßstäbe und der Empfindungsgrade, alles das sind bewährte Heilmethoden. Und in der folgenden Gebrauchsanweisung werden sie samt und sonders beansprucht und diszipliniert. Die Katharsis ist älter als ihr Entdecker und nützlicher als ihre Interpreten. Die »Lyrische Hausapotheke« möge ihren Zweck erfüllen! Also, man nehme!

## *Gebrauchsanweisung*

mit einem Register, das von A bis Z reicht

Man lese,

wenn das *Alter* traurig stimmt:
*27, 59, 63, 93, 154, 171, 186, 206;*
wenn man der *Armut* begegnet:
*45, 57, 61, 70, 92, 139, 151;*
wenn die *Besserwisser* ausgeredet haben:
*37, 79, 107, 189, 201;*
wenn man das *Dasein* überschaut:
*19, 24, 31, 59, 114, 132;*
wenn die *Ehe* kaputtgeht:
*49, 128, 145, 162, 183;*
wenn man die *Einsamkeit* schwer erträgt:
*21, 33, 39, 66, 85, 106, 160, 175, 187;*
wenn man *Erziehung* nötig hat:
*35, 58, 116, 141, 148, 164;*
wenn man zur *Faulheit* neigt:
*119, 134, 181;*
wenn vom *Fortschritt* die Rede war:
*35, 37, 74, 107, 165, 201, 203;*
wenn man in der *Fremde* hockt:
*39, 53, 95, 134, 177, 197;*

wenn der *Frühling* im Anzug ist:
*72, 115, 123, 170, 191;*
wenn man an *Gefühlsanämie* leidet:
*21, 22, 44, 100, 112, 117, 156;*
wenn man wenig *Geld* hat:
*24, 29, 36, 61, 70, 205;*
wenn das *Glück* zu spät kommt:
*59, 87;*
wenn uns die *Großstadt* zum Hals heraushängt:
*39, 46, 68, 116, 130, 181;*
wenn man an *Heimweh* leidet:
*53, 110, 121, 137;*
wenn es *Herbst* geworden ist:
*116, 136, 187;*
wenn man an die *Jugend* denkt:
*23, 32, 88, 93, 100, 132, 171, 195;*
wenn man *Kinder* sieht:
*23, 65, 78, 139, 145, 206;*
wenn *Krankheiten* quälen:
*47, 92, 110, 156;*
wenn man zu wenig von *Kunst* versteht:
*51, 62, 77, 165, 186;*
wenn der *Lebensüberdruss* regiert:
*22, 27, 42, 153, 168, 179;*
wenn die *Liebe* entzweiging:
*21, 28, 44, 49, 64, 80, 87, 112, 117, 125, 190;*
wenn man etwa ein junges *Mädchen* ist:
*28, 64, 102, 108, 117, 130, 141;*

wenn man an die *Mutter* denkt:
*95, 121, 137, 154, 173, 179, 197;*
wenn man die *Natur* vergessen hat:
*46, 82, 90, 143, 166, 170;*
wenn sich *Probleme* melden:
*19, 31, 35, 55, 79, 107, 114, 162, 203, 207;*
wenn man auf *Reisen* geht:
*53, 65, 82, 90, 99, 108, 127, 143, 173;*
wenn das *Selbstvertrauen* wackelt:
*33, 58, 66, 80, 147, 153;*
wenn man vom *Schlaf* Trost erwartet:
*149;*
wenn man *Träume* gehabt hat:
*33, 100, 158, 183;*
wenn man *Unrecht* tut oder duldet:
*179, 183;*
wenn schlechtes *Wetter* ist:
*115, 116, 187, 191, 199;*
wenn der *Winter* dräut:
*90, 104, 127;*
wenn man glaubt, dass *Wohltun Zinsen* bringt:
*29, 84;*
wenn man sich über *Zeitgenossen* geärgert hat:
*26, 40, 43, 68, 78, 104, 127, 193.*

## *Das Eisenbahngleichnis*

Wir sitzen alle im gleichen Zug
und reisen quer durch die Zeit.
Wir sehen hinaus. Wir sahen genug.
Wir fahren alle im gleichen Zug.
Und keiner weiß, wie weit.

Ein Nachbar schläft. Ein andrer klagt.
Der Dritte redet viel.
Stationen werden angesagt.
Der Zug, der durch die Jahre jagt,
kommt niemals an sein Ziel.

Wir packen aus. Wir packen ein.
Wir finden keinen Sinn.
Wo werden wir wohl morgen sein?
Der Schaffner schaut zur Tür hinein
und lächelt vor sich hin.

Auch er weiß nicht, wohin er will.
Er schweigt und geht hinaus.
Da heult die Zugsirene schrill!
Der Zug fährt langsam und hält still.
Die Toten steigen aus.

Ein Kind steigt aus. Die Mutter schreit.
Die Toten stehen stumm
am Bahnsteig der Vergangenheit.
Der Zug fährt weiter, er jagt durch die Zeit.
Und niemand weiß, warum.

Die 1. Klasse ist fast leer.
Ein dicker Mensch sitzt stolz
im roten Plüsch und atmet schwer.
Er ist allein und spürt das sehr.
Die Mehrheit sitzt auf Holz.

Wir reisen alle im gleichen Zug
zur Gegenwart in spe.
Wir sehen hinaus. Wir sahen genug.
Wir sitzen alle im gleichen Zug.
Und viele im falschen Coupé.

## *Hotelsolo für eine Männerstimme*

Das ist mein Zimmer und ist doch nicht meines.
Zwei Betten stehen Hand in Hand darin.
Zwei Betten sind es. Doch ich brauch nur eines.
Weil ich schon wieder mal alleine bin.

Der Koffer gähnt. Auch mir ist müd zumute.
Du fuhrst zu einem ziemlich andren Mann.
Ich kenn ihn gut. Ich wünsch dir alles Gute.
Und wünsche fast, du kämest niemals an.

Ich hätte dich nicht gehen lassen sollen!
(Nicht meinetwegen. Ich bin gern allein.)
Und doch: Wenn Frauen Fehler machen wollen,
dann soll man ihnen nicht im Wege sein.

Die Welt ist groß. Du wirst dich drin verlaufen.
Wenn du dich nur nicht allzu weit verirrst …
Ich aber werd mich heute Nacht besaufen
und bisschen beten, dass du glücklich wirst.

## *Mut zur Trauer*

Sei traurig, wenn du traurig bist,
und steh nicht stets vor deiner Seele Posten!
Den Kopf, der dir ans Herz gewachsen ist,
wird's schon nicht kosten.

## *Zur Fotografie eines Konfirmanden*

Da steht er nun, als Mann verkleidet,
und kommt sich nicht geheuer vor.
Fast sieht er aus, als ob er leidet.
Er ahnt vielleicht, was er verlor.

Er trägt die erste lange Hose.
Er spürt das erste steife Hemd.
Er macht die erste falsche Pose.
Zum ersten Mal ist er sich fremd.

Er hört sein Herz mit Hämmern pochen.
Er steht und fühlt, dass gar nichts sitzt.
Die Zukunft liegt ihm in den Knochen.
Er sieht so aus, als hätt's geblitzt.

Womöglich kann man noch genauer
erklären, was den Jungen quält:
Die Kindheit starb; nun trägt er Trauer
und hat den Anzug schwarz gewählt.

Er steht dazwischen und daneben.
Er ist nicht groß. Er ist nicht klein.
Was nun beginnt, nennt man das Leben.
Und morgen früh tritt er hinein.

## *Keiner blickt dir hinter das Gesicht*

*(Fassung für Beherzte)*

Niemand weiß, wie arm du bist …
Deine Nachbarn haben selbst zu klagen.
Und sie haben keine Zeit zu fragen,
wie denn dir zumute ist.
Außerdem, – würdest du es ihnen sagen?

Lächelnd legst du Leid und Last,
um sie nicht zu sehen, auf den Rücken.
Doch sie drücken, und du musst dich bücken,
bis du ausgelächelt hast.
Und das Beste wären ein Paar Krücken.

Manchmal schaut dich einer an,
bis du glaubst, dass er dich trösten werde.
Doch dann senkt er seinen Kopf zur Erde,
weil er dich nicht trösten kann.
Und läuft weiter mit der großen Herde.

Sei trotzdem kein Pessimist,
sondern lächle, wenn man mit dir spricht.
Keiner blickt dir hinter das Gesicht.
Keiner weiß, wie arm du bist …
(Und zum Glück weißt du es selber nicht.)

## *Keiner blickt dir hinter das Gesicht*
*(Fassung für Kleinmütige)*

Niemand weiß, wie reich du bist …
Freilich mein ich keine Wertpapiere,
keine Villen, Autos und Klaviere,
und was sonst sehr teuer ist,
wenn ich hier vom Reichtum referiere.

Nicht den Reichtum, den man sieht
und versteuert, will ich jetzt empfehlen.
Es gibt Werte, die kann keiner zählen,
selbst, wenn er die Wurzel zieht.
Und kein Dieb kann diesen Reichtum stehlen.

Die Geduld ist so ein Schatz,
oder der Humor, und auch die Güte,
und das ganze übrige Gemüte.
Denn im Herzen ist viel Platz.
Und es ist wie eine Wundertüte.

Arm ist nur, wer ganz vergisst,
welchen Reichtum das Gefühl verspricht.
Keiner blickt dir hinter das Gesicht.
Keiner weiß, wie reich du bist …
(Und du weißt es manchmal selber nicht.)

## *Der Streber*

Vom frühen bis ins späte Alter,
mit Mordsgeduld und Schenkelschluss,
rankt er sich hoch am Federhalter
und klettert, weil er sonst nichts muss.
Die Ahnen kletterten im Urwald.
Er ist der Affe im Kulturwald.

## *Alte Frau auf dem Friedhof*

Sie scheint auf den Tod zu warten.
Täglich kommt sie hierher
und sitzt bis zum Abend im Garten,
als ob sie zu Hause wär.

Sie kennt alle Leichensteine.
Sie kennt jeden Gitterstab.
Und sie hockt bis zum Abend alleine
an ihrem eigenen Grab.

Dunkle Choräle verwehen.
Weinende Menschen stehn
vor frischen Gräbern und gehen
ergriffen durch graue Alleen.

Die Alte sitzt unbeweglich.
Sie ist nicht schlimm und nicht fromm.
Sie hockt und schweigt, und täglich
betet sie: »Tod, nun komm!«

## *Repetition des Gefühls*

Eines Tages war sie wieder da …
Und sie fände ihn bedeutend blässer.
Als er dann zu ihr hinübersah,
meinte sie, ihr gehe es nicht besser.

Morgen Abend wolle sie schon weiter.
Nach dem Allgäu oder nach Tirol.
Anfangs war sie unaufhörlich heiter.
Später sagte sie, ihr sei nicht wohl.

Und er strich ihr müde durch die Haare.
Endlich fragte er dezent: »Du weinst?«
und sie dachten an vergangne Jahre.
Und so wurde es zum Schluss wie einst.

Als sie an dem nächsten Tag erwachten,
waren sie einander fremd wie nie.
Und so oft sie sprachen oder lachten,
logen sie.

Gegen Abend musste sie dann reisen.
Und sie winkten. Doch sie winkten nur.
Denn die Herzen lagen auf den Gleisen,
über die der Zug ins Allgäu fuhr.

## *Bilanz per Zufall*

Er hatte Geld. Und trank und aß
in dem Hotel, in dem er saß,
vom Teuersten und Besten.
Er war vergnügt und trank und aß
und winkte mit erhobnem Glas
den Kellnern und den Gästen.

Der Blumenfrau, die bei ihm stand,
nahm er die Blumen aus der Hand
und zahlte mit zwei Scheinen.
Die Rosen waren rot und kühl.
Er gab ihr dreißig Mark zu viel.
Da fing sie an zu weinen.

Die Hauskapelle, sechs Mann stark,
erhielt von ihm zweihundert Mark.
Sie konnte kaum noch spielen.
Er gab den Boys und Pikkolos,
den Fräuleins und den Gigolos.
Er gab, ohne zu zielen.

Die Rechnung sah er gar nicht an.
Er warf paar Scheine hin, und dann
verließ er jene Halle.
Bewundernd gingen Schritt um Schritt,
die Tänzer, Boys und Kellner mit.
So liebten sie ihn alle!

Er freute sich und sprach: »Schon gut«
und nahm den Mantel und den Hut.
Da rief die Garderobiere:
»Ich kriege dreißig Pfennig für
die Kleideraufbewahrung hier!
Nicht zahlen, wie? Das wäre!«

Da blieb er stehn. Da lachte er
und suchte Geld und fand keins mehr.
Und konnte ihr nichts geben.
Die Blumenfrau, die Gigolos,
die Kellner, Boys und Pikkolos,
die standen fremd daneben.

Er blickte sich, fast bittend, um.
Die andern standen steif und stumm,
als sei er nicht mehr da.
Da zog er schnell den Mantel aus,
gab ihn der Frau, trat aus dem Haus
und dachte nur: »Na ja.«

## *Das ist das Verhängnis*

Das ist das Verhängnis:
zwischen Empfängnis
und Leichenbegängnis
nichts als Bedrängnis.

*Begegnung mit einem Trockenplatz*

Wie sehr sich solche Plätze gleichen.
Wie eng verwandt sie miteinander sind.
Gestänge, Stricke, Wäsche, Klammern, Wind
und sieben Büschel Gras zum Bleichen,
bei diesem Anblick wird man wieder Kind.

Wie gern ich mich daran erinnern lasse.
Ich schob den Wagen. Und die Mutter zog.
Ich knurrte, weil die Wäsche so viel wog.
Wie hieß doch jene schmale Gasse,
die dicht vorm Bahnhof in die Gärten bog?

Dort war die Wiese, die ich meine,
dort setzten wir den Korb auf eine Bank
und hängten unsern ganzen Wäscheschrank
auf eine kreuz und quer gezogne Leine.
Und Wind und Wäsche führten Zank.

Ich saß im Gras. Die Mutter ging nach Hause.
Die Wäsche wogte wie ein weißes Zelt.
Dann kam die Mutter mit Kaffee und Geld.
Ich kaufte Kuchen für die Mittagspause
in dieser fast geheimnisvollen Welt.

Die Hemden zuckten hin und her,
als wollten sie herab und mit uns essen.
Die Sonne schien. Die Strümpfe hingen schwer.
Oh, ich erinnere mich an alles sehr
genau und will es nie vergessen.

## *Traum vom Gesichtertausch*

Als ich träumte, was ich jetzt erzähle,
drängten Tausende durch jenes Haus.
Und als ob es irgendwer befehle
und das eigne Antlitz jeden quäle,
zogen alle die Gesichter aus.

Wie beim Umzug Bilder von den Wänden
nahmen wir uns die Gesichter fort.
Und dann hielten wir sie in den Händen,
wie man Masken hält, wenn Feste enden.
Aber festlich war er nicht, der Ort.

Ohne Mund und Augen, kahl wie Schatten,
griffen alle nach des Nachbarn Hand,
bis sie wiederum Gesichter hatten.
Schnell und schweigend ging der Tausch vonstatten.
Jeder nahm, was er beim andern fand.

Männer hatten plötzlich Kindermienen.
Frauen trugen Bärte im Gesicht.
Greise lächelten wie Konkubinen.
Und dann stürzten alle, ich mit ihnen,
vor den Spiegel, doch ich sah mich nicht.

Immer wilder wurde das Gedränge.
Einer hatte sein Gesicht entdeckt!
Rufend zwängte er sich durch die Menge.
Und er trieb sein Antlitz in die Enge.
Doch er fand es nicht. Es blieb versteckt.

War ich jenes Kind mit langen Zöpfen?
War ich dort die Frau mit rotem Haar?
War ich einer von den kahlen Köpfen?
Unter den verwechselten Geschöpfen
sah ich keines, das ich selber war.

Da erwachte ich vor Schreck. Mich fror.
Irgendeiner riss mich an den Haaren.
Finger zerrten mich an Mund und Ohr.
Ich begriff, als sich die Angst verlor,
dass es meine eigenen Hände waren.

Ganz beruhigt war ich freilich nicht.
Trug ich Mienen, die mich nicht betrafen?
Hastig sprang ich auf und machte Licht,
lief zum Spiegel, sah mir ins Gesicht,
löschte aus und ging beruhigt schlafen.

## *Moral*

Es gibt nichts Gutes,
außer: man tut es!

## *Der Weihnachtsabend des Kellners*

Aller Welt dreht er den Rücken,
und sein Blick geht zu Protest.
Und dann murmelt er beim Bücken:
»Ach, du liebes Weihnachtsfest!«

Im Lokal sind nur zwei Kunden.
(Fröhlich sehn die auch nicht aus.)
Und der Kellner zählt die Stunden.
Doch er darf noch nicht nach Haus.

Denn vielleicht kommt doch noch einer,
welcher keinen Christbaum hat,
und allein ist wie sonst keiner
in der feierlichen Stadt. –

Dann schon lieber Kellner bleiben
und zur Nacht nach Hause gehn,
als jetzt durch die Straßen treiben
und vor fremden Fenstern stehn!

## *Entwicklung der Menschheit*

Einst haben die Kerls auf den Bäumen gehockt,
behaart und mit böser Visage.
Dann hat man sie aus dem Urwald gelockt
und die Welt asphaltiert und aufgestockt,
bis zur 30. Etage.

Da saßen sie nun den Flöhen entflohn
in zentralgeheizten Räumen.
Da sitzen sie nun am Telefon.
Und es herrscht noch genau derselbe Ton
wie seinerzeit auf den Bäumen.

Sie hören weit. Sie sehen fern.
Sie sind mit dem Weltall in Fühlung.
Sie putzen die Zähne. Sie atmen modern.
Die Erde ist ein gebildeter Stern
mit sehr viel Wasserspülung.

Sie schießen die Briefschaften durch ein Rohr.
Sie jagen und züchten Mikroben.
Sie versehn die Natur mit allem Komfort.
Sie fliegen steil in den Himmel empor
und bleiben zwei Wochen oben.

Was ihre Verdauung übrig lässt,
das verarbeiten sie zu Watte.
Sie spalten Atome. Sie heilen Inzest.
Und sie stellen durch Stiluntersuchungen fest,
dass Cäsar Plattfüße hatte.

So haben sie mit dem Kopf und dem Mund
den Fortschritt der Menschheit geschaffen.
Doch davon mal abgesehen und
bei Lichte betrachtet, sind sie im Grund
noch immer die alten Affen.

## *Sozusagen in der Fremde*

Er saß in der großen Stadt Berlin
an einem kleinen Tisch.
Die Stadt war groß, auch ohne ihn.
Er war nicht nötig, wie es schien.
Und rund um ihn war Plüsch.

Die Leute saßen zum Greifen nah,
und er war doch allein.
Und in dem Spiegel, in den er sah,
saßen sie alle noch einmal da,
als müsste das so sein.

Der Saal war blass vor lauter Licht.
Es roch nach Parfüm und Gebäck.
Er blickte ernst von Gesicht zu Gesicht.
Was er sah, gefiel ihm nicht.
Er schaute traurig weg.

Er strich das weiße Tischtuch glatt.
Und blickte in das Glas.
Fast hatte er das Leben satt.
Was wollte er in dieser Stadt,
in der er einsam saß?

Da stand er, in der Stadt Berlin,
auf von dem kleinen Tisch!
Keiner der Menschen kannte ihn.
Da fing er an, den Hut zu ziehn …
Not macht erfinderisch.

## *An ein Scheusal im Abendkleid*

Ich muss mich stets vor Ihnen bücken.
Und trotzdem kennen wir uns nicht.
Ich bück mich auch gar nicht vor Ihrem Gesicht,
sondern vor Ihrem Rücken.

Die Knochen und die Rippen ragen,
ganz nackt und manchmal ohne Haut,
so spitz heraus, dass es mir graut,
die Augen davor aufzuschlagen.

Hört Ihr Gerüst denn niemals auf?
Und ohne Kleid! Die ganze Strecke!
Tief unten biegt es endlich um die Ecke.
Und welches Glück: Sie sitzen drauf.

Sie sollten sich ein Jäckchen leisten.
Sie sind ein Scheusal. Auch von vorn.
Gott schlug Sie hart in seinem Zorn.
Doch hinten schlug er Sie am meisten.

Wer Ihre grünen Locken sieht,
ist sich auch ohnedies im Klaren:
Sie stehen in den besten Rückgangsjahren
und haben nachts vergeblich Appetit.

Ich bitte Sie, mir zu verzeihen.
Man wird nicht schöner, wenn man älter wird.
Wer andrer Ansicht ist, der irrt.
Doch Sie war'n sicher schon als Kind zum Speien.

Zieh dir was an, du alte Gans!
Der ganze Saal sitzt voller Klimakterien.
Und so was gibt's! Und so was nennt sich: Ferien
eines noch ziemlich jungen Manns.

## *Warnung vor Selbstmord*

Diesen Rat will ich dir geben:
Wenn du zur Pistole greifst
und den Kopf hinhältst und kneifst,
kannst du was von mir erleben.

Weißt wohl wieder mal geläufig,
was die Professoren lehren?
Dass die Guten selten wären
und die Schweinehunde häufig?

Ist die Walze wieder dran,
dass es Arme gibt und Reiche?
Mensch, ich böte deiner Leiche
noch im Sarge Prügel an!

Lass doch deine Neuigkeiten!
Lass doch diesen alten Mist!
Dass die Welt zum Schießen ist,
wird kein Konfirmand bestreiten.

War dein Plan nicht: irgendwie
alle Menschen gut zu machen?
Morgen wirst du drüber lachen.
Aber, bessern kann man sie.

Ja, die Bösen und Beschränkten
sind die Meisten und die Stärkern.
Aber spiel nicht den Gekränkten.
Bleib am Leben, sie zu ärgern!

## *Sport*

Meldung vom Wettlauf durch die Lübecker Schweiz:
»Die Läufer trainieren täglich zehn Stunden.
Sie brauchen für 100 Meter zirka minus 14 Sekunden.
Die Spitzengruppe ist heute Morgen bereits
im Jahre 1919 verschwunden!«

## *Er weiß nicht, ob er sie liebt*

Soll man sein Herz bestürmen: »Herz, sprich lauter!«
da es auf einmal leise mit uns spricht?
Einst sprach es laut zu uns. Das klang vertrauter.
Nun flüstert's nur. Und man versteht es nicht.

Was will das Herz? Man denkt: wenn es das wüsste,
dann wär es laut, damit man es versteht.
Dann riefe es, bis man ihm folgen müsste!
Was will das Herz, dass es so leise geht?

Das Allerschönste, was sich Kinder wünschen,
das wagt sich kaum aus ihrem Mund hervor.
Das Allerschönste, was sich Kinder wünschen,
das flüstern sie der Mutter bloß ins Ohr.

Ist so das Herz, dass es sich schämt zu rufen?
Will es das Schönste haben? Ruft es Nein?
Man soll den Mächten, die das Herz erschufen,
nicht dankbar sein.

## *Hinweis auf die Hände einer Waschfrau*

Es gibt berühmtere Hände,
und schönere gibt's auch.
Die Hände, die Sie hier sehen,
sind für den Hausgebrauch.

Sie kennen nicht Lack noch Feile.
Sie spielten noch nie Klavier.
Sie sind nicht zum Vergnügen,
sondern zum Waschen hier.

Sie waschen nicht nur einander,
sie waschen mit großem Fleiß
die Wäsche, die andere trugen,
mühselig wieder weiß.

Sie duften nicht nach Lavendel,
sondern nach Lauge und Chlor.
Sie wringen und rumpeln und schuften
und fürchten sich nicht davor.

Sie wurden rot und rissig.
Sie wurden fühllos und rau.
Und wenn sie jemanden streicheln,
streicheln sie ungenau.

Es gibt berühmtere Hände,
und schönere gibt's auch.
Die Hände, die Sie hier sehen,
sind nur für den Hausgebrauch.

## *Die Wälder schweigen*

Die Jahreszeiten wandern durch die Wälder.
Man sieht es nicht. Man liest es nur im Blatt.
Die Jahreszeiten strolchen durch die Felder.
Man zählt die Tage. Und man zählt die Gelder.
Man sehnt sich fort aus dem Geschrei der Stadt.

Das Dächermeer schlägt ziegelrote Wellen.
Die Luft ist dick und wie aus grauem Tuch.
Man träumt von Äckern und von Pferdeställen.
Man träumt von grünen Teichen und Forellen.
Und möchte in die Stille zu Besuch.

Die Seele wird vom Pflastertreten krumm.
Mit Bäumen kann man wie mit Brüdern reden
und tauscht bei ihnen seine Seele um.
Die Wälder schweigen. Doch sie sind nicht stumm.
Und wer auch kommen mag, sie trösten jeden.

Man flieht aus den Büros und den Fabriken.
Wohin, ist gleich! Die Erde ist ja rund!
Dort, wo die Gräser wie Bekannte nicken
und wo die Spinnen seidne Strümpfe stricken,
wird man gesund.

## *Tagebuch eines Herzkranken*

Der erste Doktor sagte:
»Ihr Herz ist nach links erweitert.«
Der zweite Doktor klagte:
»Ihr Herz ist nach rechts verbreitert.«
Der dritte machte ein ernstes Gesicht
und sprach: »Herzerweiterung haben Sie nicht.«
Na ja.

Der vierte Doktor klagte:
»Die Herzklappen sind auf dem Hund.«
Der fünfte Doktor sagte:
»Die Klappen sind völlig gesund.«
Der sechste machte die Augen groß
und sprach: »Sie leiden an Herzspitzenstoß.«
Na ja.

Der siebente Doktor klagte:
»Die Herzkonfiguration ist mitral.«
Der achte Doktor sagte:
»Ihr Röntgenbild ist durchaus normal.«
Der neunte Doktor staunte und sprach:
»Ihr Herz geht dreiviertel Stunden nach.«
Na ja.

Was nun der zehnte Doktor spricht,
das kann ich leider nicht sagen,
denn bei dem zehnten, da war ich noch nicht.
Ich werde ihn nächstens fragen.
Neun Diagnosen sind vielleicht schlecht,
aber die zehnte hat sicher recht.
Na ja.

## *Stehgeigers Leiden*

Ach, wie gern läg ich in meinem Bette!
Nacht für Nacht schläft Hildegard allein.
Wenn mein Fiedelbogen Zähne hätte,
sägte ich die Geige kurz und klein.

Keinen Abend weiß ich, was sie treibt.
Jeden Abend steh ich hier und spiele.
Ob sie, wie sie sagt, zu Hause bleibt?
Schlechte Frauen gibt es ziemlich viele.

Grässlich haut der Krause aufs Klavier.
Wie sie staunten, wenn ich plötzlich ginge!
Keine Angst, Herr Wirt, ich bleibe hier,
geige mir den Buckel schief und singe:

»Die deutschen Mädchen sind die schönsten.
Hipp hipp hurra, hipp hipp hurra!
Denn bei den blonden deutschen Mädchen
ist alles da, ist alles da!«

Ich trau ihr nicht. Sie lügt. Ich habe Proben.
Ach, wenn sie lügt, sieht sie so ehrlich aus.
Wie im Gefängnis stehe ich hier oben.
Ich muss verdienen und darf nicht nach Haus.

Eines Tages pack ich meine Geige,
denn sie ist mein einziges Gepäck.
Krause spielt Klavier. Ich aber steige
schnell vom Podium und laufe weg.

Und die Gäste und der Wirt und Krause
werden schweigen, bis ich draußen bin.
Und dann seh ich: Sie ist nicht zu Hause!
Und wo gehe ich dann hin?

## *Hamlets Geist*

Gustav Renner war bestimmt die beste
Kraft im Toggenburger Stadttheater.
Alle kannten seine weiße Weste.
Alle kannten ihn als Heldenvater.

Alle lobten ihn, sogar die Kenner.
Und die Damen fanden ihn sogar noch schlank.
Schade war nur, dass sich Gustav Renner,
wenn er Geld besaß, enorm betrank.

Eines Abends, als man »Hamlet« gab,
spielte er den Geist von Hamlets Vater.
Ach, er kam betrunken aus dem Grab!
Und was man nur Dummes tun kann, tat er.

Hamlet war aufs Äußerste bestürzt.
Denn der Geist fiel gänzlich aus der Rolle.
Und die Szene wurde abgekürzt.
Renner fragte, was man von ihm wolle.

Man versuchte hinter den Kulissen
ihn von seinem Rausche zu befrein,
legte ihn langhin und gab ihm Kissen.
Und dabei schlief Gustav Renner ein.

Die Kollegen spielten nun exakt,
weil er schlief und sie nicht länger störte.
Doch er kam! Und zwar im nächsten Akt,
wo er absolut nicht hingehörte!

Seiner Gattin trat er auf den Fuß.
Seinem Sohn zerbrach er das Florett.
Und er tanzte mit Ophelia Blues.
Und den König schmiss er ins Parkett.

Alle zitterten und rissen aus.
Doch dem Publikum war das egal.
So etwas von donnerndem Applaus
gab's in Toggenburg zum ersten Mal.

Und die meisten Toggenburger fanden:
Endlich hätten sie das Stück verstanden.

## *Sentimentale Reise*

O verflucht, ist man alleine!
Was man hört und sieht, ist fremd.
Und im Stiefel hat man Steine.
Und schon spürt man eine kleine Sehnsucht unterm
Oberhemd.

Man betrachtet, was Ihr rietet,
und fährt hoch und rund und weit.
Man bewundert, was sich bietet.
Doch das Herz ist ja vermietet.
Man vertreibt sich nur die Zeit.

Wenn doch endlich Einer grüßte!
Wenn Ihr kämt und nicht nur schriebt!
Doch man steht wie in der Wüste
und begafft die Bronzebüste
eines Gottes, den's nicht gibt.

Wer es wünscht, kann selbstverständlich
auch ganz andre Büsten sehn.
(Gegen Eintritt, nein wie schändlich!)
Man denkt nach. Und lässt es endlich,
wie so vieles, ungeschehn.

Ja, die Welt ist wie ein Garten.
Und man wartet wie bestellt.
Doch da kann man lange warten.
Und dann schreibt man Ansichtskarten,
Dass es Einem sehr gefällt.

Nachts steckt man durchs Fenster seinen
Kopf und senkt ihn wie ein Narr.
Und man hört die Katzen weinen.
Und am Morgen hat man einen
schönen Bronchialkatarrh.

## *Ganz besonders feine Damen*

Sie tragen die Büsten und Nasen
im gleichen Schritt und Tritt
und gehen so zart durch die Straßen,
als wären sie aus Biskuit.
Mit ihnen ist nicht zu spaßen.
Es ist, als trügen sie Vasen
und wüssten nur nicht, womit.

Sie scheinen sich stündlich zu baden
und sind nicht dünn und nicht dick.
Sie haben Beton in den Waden
und Halbgefrorenes im Blick.
Man hält sie für Feen auf Reisen,
doch kann man es nicht beweisen.
Der Gatte hat eine Fabrik.

Sie laufen auf heimlichen Schienen.
Man weicht ihnen besser aus.
Sie stecken die steifsten Mienen
wie Fahnenstangen heraus.
Man kann es ganz einfach nicht fassen,
dass sie sich beißen lassen,
in und außer dem Haus.

Man könnte sich denken, sie stiegen
mit Hüten und Mänteln ins Bett.
Und stünden im Schlaf, statt zu liegen.
Und schämten sich auf dem Klosett.
Man könnte sich denken, sie ließen
die Männer alle erschießen
und kniffen sie noch ins Skelett.

So schweben sie zwischen den Leuten
wie Königinnen nach Maß.
Doch hat das nichts zu bedeuten.
Sie sind ja gar nicht aus Glas!
Man kann sie, wie andere Frauen,
verführen, verstehn und verhauen.
Denn: fein sind sie nur zum Spaß.

## *Umzug der Klubsessel*

Einen Tafelwagen traf ich heute,
und er war mit Möbeln vollgestellt.
Die Besitzer schienen solche Leute,
denen nur das Teuerste gefällt.

Schwere Gäule zogen schwere Stühle,
Tisch und Schränke, und der Kutscher pfiff.
Und der Wagen kroch durch das Gewühle
wie ein altes, havariertes Schiff.

In zwei Ledersesseln, auf dem Karren,
saßen zwei sehr müde Möbelräumer.
In den Händen hielten sie Zigarren,
und die Köpfe hielten sie wie Träumer.

Sicher träumten sie, sie wären Grafen,
und sie führen zum Vergnügen aus …
Doch da hielt der Wagen, und die braven
alten Herrn bugsierten wie die Sklaven
fremde Möbel in ein fremdes Haus.

## *Warnung*

Ein Mensch, der Ideale hat,
der hüte sich, sie zu erreichen!
Sonst wird er eines Tags anstatt
sich selber andren Menschen gleichen.

## *Des Vetters Eckfenster*
*(E. T. A. Hoffmann gewidmet)*

Er sitzt im Erker hoch im Haus
und weiß nicht, wem er gleicht.
Er wollte nicht so hoch hinaus
und hat es doch erreicht.

Er glaubt an keine Wiederkehr.
(Auch nicht als Schmetterling.)
Sein Haus hat keine Türen mehr,
seit er nach oben ging.

Er liebt das späte Abendrot,
das hinterm Kirchturm brennt.
Er liebt das Leben und den Tod
und das, was beide trennt.

Das Fenster zeigt ihm Bild auf Bild
und rahmt die Bilder ein.
Er sitzt davor und lächelt mild
und mag nicht traurig sein.

Er lächelt, weil ihr glücklich seid.
Nur manchmal flüstert er:
»Ach, mündet dieser Strom der Zeit
denn nirgendwo ins Meer?«

Er hat dem Schicksal längst verziehn,
obwohl es ihn vergaß.
Beneidet ihn! Verachtet ihn!
Das ist für ihn kein Maß.

## *Der gefundene Groschen*

Ich mach mich vor dem Groschen klein
und nehm ihn in die Hand.
Ach, wär es doch ein Zehnmarkschein!
Geld hat keinen Verstand.

Es leben Leute, die werfen ihr Geld,
sagt man, zum Fenster hinaus.
Ich wüsste gern, wohin es fällt,
und blicke vor jedes Haus.

Das Geld, das aus den Fenstern fliegt,
wer weiß, wohin's gerät!
Das Geld, das auf der Straße liegt,
ist ziemlich dünn gesät.

Ich bücke mich, so tief ich kann.
Mein Kind, mir ist dabei,
als bete ich den Groschen an.
Deine Eltern sind arm. Verzeih!

## *Moderne Kunstausstellung*

Die Leute stehen in Sälen herum.
Sie finden das ungewöhnlich?
Das ist ja gar kein Publikum!
Das sind die Maler persönlich.

## *Das Altersheim*

Das ist ein Pensionat für Greise.
Hier hat man Zeit.
Die Endstation der Lebensreise
ist nicht mehr weit.

Gestern trug man Kinderschuhe.
Heute sitzt man hier vorm Haus.
Morgen fährt man zur ewigen Ruhe
ins Jenseits hinaus.

Ach, so ein Leben ist rasch vergangen,
wie lange es auch sei.
Hat es nicht eben erst angefangen?
Schon ist's vorbei.

Die sich hier zur Ruhe setzten,
wissen vor allem das Eine:
Das ist die letzte Station vor der letzten.
Dazwischen liegt keine.

## *Sachliche Romanze*

Als sie einander acht Jahre kannten
(und man darf sagen: sie kannten sich gut),
kam ihre Liebe plötzlich abhanden.
Wie andern Leuten ein Stock oder Hut.

Sie waren traurig, betrugen sich heiter,
versuchten Küsse, als ob nichts sei,
und sahen sich an und wussten nicht weiter.
Da weinte sie schließlich. Und er stand dabei.

Vom Fenster aus konnte man Schiffen winken.
Er sagte, es wäre schon Viertel nach vier
und Zeit, irgendwo Kaffee zu trinken. –
Nebenan übte ein Mensch Klavier.

Sie gingen ins kleinste Café am Ort
und rührten in ihren Tassen.
Am Abend saßen sie immer noch dort.
Sie saßen allein, und sie sprachen kein Wort
und konnten es einfach nicht fassen.

## *Jardin du Luxembourg*

Dieser Park liegt dicht beim Paradies.
Und die Blumen blühn, als wüssten sie's.
Kleine Knaben treiben große Reifen.
Kleine Mädchen tragen große Schleifen.
Was sie rufen, lässt sich schwer begreifen.
Denn die Stadt ist fremd. Und heißt Paris.

Alle Leute, auch die ernsten Herrn,
spüren hier: Die Erde ist ein Stern.
Und die Kinder haben hübsche Namen
und sind fast so schön wie auf Reklamen.
Selbst die Steinfiguren, meistens Damen,
lächelten (wenn sie nur dürften) gern.

Lärm und Jubel weht an uns vorbei.
Wie Musik. Und ist doch nur Geschrei.
Bälle hüpfen fort, weil sie erschrecken.
Ein fideles Hündchen lässt sich necken.
Kleine Neger müssen sich verstecken,
und die andern sind die Polizei.

Mütter lesen. Oder träumen sie?
Und sie fahren hoch, wenn jemand schrie.
Schlanke Fräuleins kommen auf den Wegen
und sind jung und blicken sehr verlegen
und benommen auf den Kindersegen.
Und dann fürchten sie sich irgendwie.

## *Traurigkeit, die jeder kennt*

Man weiß von vornherein, wie es verläuft.
Vor morgen früh wird man bestimmt nicht munter.
Und wenn man sich auch noch so sehr besäuft,
die Bitterkeit, die spült man nicht hinunter.

Die Trauer kommt und geht ganz ohne Grund.
Und man ist angefüllt mit nichts als Leere.
Man ist nicht krank. Und ist auch nicht gesund.
Es ist, als ob die Seele unwohl wäre.

Man will allein sein. Und auch wieder nicht.
Man hebt die Hand und möchte sich verprügeln.
Vorm Spiegel denkt man: »Das ist dein Gesicht?«
Ach, solche Falten kann kein Schneider bügeln!

Vielleicht hat man sich das Gemüt verrenkt?
Die Sterne ähneln plötzlich Sommersprossen.
Man ist nicht krank. Man fühlt sich nur gekränkt.
Und hält, was es auch sei, für ausgeschlossen.

Man möchte fort und findet kein Versteck.
Es wäre denn, man ließe sich begraben.
Wohin man blickt, entsteht ein dunkler Fleck.
Man möchte tot sein. Oder Urlaub haben.

Man weiß, die Trauer ist sehr bald behoben.
Sie schwand noch jedes Mal, so oft sie kam.
Mal ist man unten, und mal ist man oben.
Die Seelen werden immer wieder zahm.

Der eine nickt und sagt: »So ist das Leben.«
Der andre schüttelt seinen Kopf und weint.
Die Welt ist rund, und wir sind schlank daneben.
Ist das ein Trost? So war es nicht gemeint.

## *Sogenannte Klassefrauen*

Sind sie nicht pfuiteuflisch anzuschauen?
Plötzlich färben sich die Klassefrauen,
weil es Mode ist, die Nägel rot!
Wenn es Mode wird, sie abzukauen
oder mit dem Hammer blau zu hauen,
tun sie's auch. Und freuen sich halb tot.

Wenn es Mode wird, die Brust zu färben,
oder falls man die nicht hat, den Bauch …
Wenn es Mode wird, als Kind zu sterben
oder sich die Hände gelb zu gerben,
bis sie Handschuhn ähneln, tun sie's auch.

Wenn es Mode wird, sich schwarz zu schmieren.
Wenn verrückte Gänse in Paris
sich die Haut wie Chinakrepp plissieren …
Wenn es Mode wird, auf allen vieren
durch die Stadt zu kriechen, machen sie's.

Wenn es gälte, Volapük zu lernen
und die Nasenlöcher zuzunähn
und die Schädeldecke zu entfernen
und das Bein zu heben an Laternen, –
morgen könnten wir's bei ihnen sehn.

Denn sie fliegen wie mit Engelsflügeln
immer auf den ersten besten Mist.
Selbst das Schienbein würden sie sich bügeln!
Und sie sind auf keine Art zu zügeln,
wenn sie hören, dass was Mode ist.

Wenn's doch Mode würde, zu verblöden!
Denn in dieser Hinsicht sind sie groß.
Wenn's doch Mode würde, diesen Kröten
jede Öffnung einzeln zuzulöten!
Denn dann wären wir sie endlich los.

## *Der Streichholzjunge*

Streichhölzer! Kaufen Sie Streichhölzer!
Drei Schachteln zwanzig!

Sie lachen, statt was zu kaufen.
Oder sie sind entrüstet
und knurren, während sie weiterlaufen.
Wenn ihr nur wüsstet …

Streichhölzer! Kaufen Sie Streichhölzer!
Drei Schachteln zwanzig!

Vater kriegt zehn Mark Unterstützung
und Mutter ein kleines Gesicht.
Wir haben ein Zimmer mit Küchenbenützung.
Aber wir benützen die Küche gar nicht.

Gestern trank Vater paar Flaschen Bier.
Mutter hat nicht mittrinken gemocht.
Vater sang: »Ein freies Leben führen wir!«
Und dann hat er das Fenster zerpocht.

Streichhölzer! Kaufen Sie Streichhölzer!
Drei Schachteln zwanzig!

Mein Pappkarton wird nicht leer.
Den Aufsatz muss ich noch machen.
Wenn ich bloß nicht so müde wär.
Kaufen Sie Streichhölzer, statt zu lachen!

Mit braunen und schwarzen Schnürsenkeln
verdient man natürlich mehr.
Doch da brauchte ich erst mal drei Mark.
Und wo nehm ich die her?

Streichhölzer! Braune und schwarze Streichhölzer!
Drei Paar zwanzig …

## *Besagter Lenz ist da*

Es ist schon so. Der Frühling kommt in Gang.
Die Bäume räkeln sich. Die Fenster staunen.
Die Luft ist weich, als wäre sie aus Daunen.
Und alles andre ist nicht von Belang.

Nun brauchen alle Hunde eine Braut.
Und Pony Hütchen sagte mir, sie fände:
Die Sonne habe kleine warme Hände
und krabble ihr mit diesen auf der Haut.

Die Hausmannsleute stehen stolz vorm Haus.
Man sitzt schon wieder auf Caféterrassen
und friert nicht mehr und kann sich sehen lassen.
Wer kleine Kinder hat, der führt sie aus.

Sehr viele Fräuleins haben schwache Knie.
Und in den Adern rinnt's wie süße Sahne.
Am Himmel tanzen blanke Aeroplane.
Man ist vergnügt dabei. Und weiß nicht wie.

Man sollte wieder mal spazieren gehn.
Das Blau und Rot und Grün war ganz verblichen.
Der Lenz ist da! Die Welt wird frisch gestrichen!
Die Menschen lächeln, bis sie sich verstehn.

Die Seelen laufen Stelzen durch die Stadt.
Auf den Balkons stehn Männer ohne Westen
und säen Kresse in die Blumenkästen.
Wohl dem, der solche Blumenkästen hat!

Die Gärten sind nur noch zum Scheine kahl.
Die Sonne heizt und nimmt am Winter Rache.
Es ist zwar jedes Jahr dieselbe Sache.
Doch ist es immer wie zum ersten Mal.

## *Der synthetische Mensch*

Professor Bumke hat neulich Menschen erfunden,
die kosten zwar, laut Katalog, ziemlich viel Geld,
doch ihre Herstellung dauert nur sieben Stunden,
und außerdem kommen sie fix und fertig zur Welt!

Man darf dergleichen Vorteile nicht unterschätzen.
Professor Bumke hat mir das alles erklärt.
Und ich merkte schon nach den ersten Worten und
Sätzen:
Die Bumke'schen Menschen sind das, was sie kosten,
auch wert.

Sie werden mit Bärten oder mit Busen geboren,
mit allen Zubehörteilen, je nach Geschlecht.
Durch Kindheit und Jugend würde nur Zeit verloren,
meinte Professor Bumke. Da hat er ja recht.

Er sagte, wer einen Sohn, der Rechtsanwalt sei,
etwa benötige, brauche ihn nur zu bestellen.
Man liefre ihn, frei ab Fabrik, in des Vaters Kanzlei,
promoviert und vertraut mit den schwersten
juristischen Fällen.

Man brauche nun nicht mehr zwanzig Jahre zu
warten,
dass das Produkt einer unausgeschlafenen Nacht
auf dem Umweg über Wiege und Kindergarten
das Abitur und die übrigen Prüfungen macht.

Es sei ja auch denkbar, das Kind werde dumm oder
krank
und sei für die Welt und die Eltern nicht recht zu
verwenden.
Oder es sei musikalisch! Das gäbe nur Zank,
falls seine Eltern nichts von Musik verständen.

Nicht wahr, wer könne denn wirklich wissen, was
später
aus einem anfangs ganz reizenden Kinde wird?
Bumke sagte, er liefre auch Töchter und Väter,
und sein Verfahren habe sich niemals geirrt.

Nächstens vergrößre er seine Menschenfabrik.
Schon heute liefre er zweihundertneunzehn Sorten.
Misslungene Aufträge nähm er natürlich zurück.
Die müssten dann nochmals durch die verschiednen
Retorten.

Ich sagte: Da sei noch ein Bruch in den Fertigartikeln.
In jenen Menschen aus Bumkes Geburtsinstitute.
Sie seien konstant und würden sich niemals
entwickeln.
Da gab er zur Antwort: »Das ist ja gerade das Gute!«

Ob ich tatsächlich vom Sichentwickeln was halte?
Professor Bumke sprach's in gestrengem Ton.
Auf seiner Stirn entstand eine tiefe Falte. –
Und dann bestellte ich mir einen vierzigjährigen
Sohn.

## *Ankündigung einer Chansonette*

Sie ist nicht sehr schön. Doch es kommt nicht drauf
an.
Ohne Schönheit geht's auch.
Sie ist eine Frau. Und steht ihren Mann.
Und hat Musik im Bauch.

Sie kennt das Leben in jeder Fasson.
Sie kennt es per Du und per Sie.
Ihre Lieder passen in keinen Salon.
Höchstens die Melodie.

Sie singt, was sie weiß. Und sie weiß, was sie singt.
Man merkt das am Gesang.
Und manches, was sie zum Vortrag bringt,
behält man jahrelang.

Sie pfeift auf das mühelos hohe C.
Und ihr Ton ist nicht immer rund.
Das Herz tut ihr manchmal beim Singen weh.
Denn sie singt nicht nur mit dem Mund.

Sie kennt den Kakao, durch den man uns zieht,
genau so gut wie wir,
und sie weiß zu dem Thema so manches Lied.
Und ein paar davon singt sie hier.

## *Ein Kind, etwas frühreif*

Ich hab mich zu einem Kinde gebückt.
(Denn ich bin in solchen Dingen nicht stolz.)
Und ich hab ihm sein Spielzeug zurechtgerückt.
Es war ein Schimmel aus Holz.

Das Kind ging mit einer schönen Frau.
Die dachte, ich dächte, sie wäre so frei …
Und sie zog ihr Kind wie einen Wauwau
an Laternen und Läden vorbei.

Sie fühlte sich schon zur Hälfte verführt
und schwenkte vergnügt ihr Gewölbe.
Das hätte mich nun nicht weiter gerührt.
Doch das Kind – ich hab es ganz deutlich gespürt –
es dachte bereits dasselbe.

## *Nur Geduld!*

Das Leben, das die Meisten führen,
zeigt ihnen, bis sie's klar erkennen:
Man kann sich auch an offnen Türen
den Kopf einrennen!

## *Spaziergang nach einer Enttäuschung*

Da hätte mich also wieder einmal
eine der hausschlachtenen Ohrfeigen ereilt,
die das eigens hierzu gegründete Schicksal
in beliebiger Windstärke und Zahl
an die Umstehenden gratis verteilt.

Na schön. Der Weg des Lebens ist wellig.
Man soll die Steigungen nicht noch steigern.
Es war wieder mal eine Ohrfeige fällig.
Ich konnte die Annahme schlecht verweigern.

So ein Schlag ins vergnügte Gesicht
klingt für den, der ihn kriegt, natürlich sehr laut,
weil das Schicksal mit Liebe zur Sache zuhaut.
Tödlich sind diese Ohrfeigen hingegen nicht.
Der Mensch ist entsprechend gebaut.

Jedoch, wenn ich den See betrachte
und die schneeweiß gedeckten Berge daneben,
muss ich denken, was ich schon häufig dachte:
Diese Art Ohrfeigen brauchte es nicht zu geben.

Da rennt man nun die Natur entlang
und ist froh, dass man keinem begegnet.
Die Vögel verüben Chorgesang.
Die Sonne scheint im Überschwang.
Aber innen hat's ziemlich geregnet.

Die Glockenblumen nicken verständig.
Eine Biene kratzt sich ernst hinterm Ohr.
Und der Wind und die Wellen spielen vierhändig
die Sonnenscheinsonate vor.

Das Schicksal wird mich noch öfter äffen
und schlagen, wie es mich heute schlug.
Vielleicht wird man wirklich durch Schaden klug?
Mich müssen noch viele Schläge treffen,
bevor mich der Schlag trifft! Und damit genug.

## *Selbstmord im Familienbad*

Hier bist du. Und dort ist die Natur.
Leider ist Verschiedenes dazwischen.
Bis zu dir herüber wagt sich nur
ein Parfüm aus Blasentang und Fischen.

Zwischen deinen Augen und dem Meer,
das sich sehnt, von dir erblickt zu werden,
laufen dauernd Menschen hin und her.
Und ihr Anblick macht dir Herzbeschwerden.

Frei gelassne Bäuche und Popos
stehn und liegen kreuz und quer im Sande.
Dicke Tanten senken die Trikots
und sehn aus wie Quallen auf dem Lande.

Wo man hinschaut, wird den Augen schlecht,
und man schließt sie fest, um nichts zu sehen.
Doch dann sieht man dies und das erst recht.
Man beschließt, es müsse was geschehen.

Wütend stürzt man über tausend Leiber,
bis ans Meer, und dann sogar hinein, –
doch auch hier sind dicke Herrn und Weiber.
Fett schwimmt oben. Muss das denn so sein?

Traurig hängt man in den grünen Wellen,
vor der Nase eine Frau in Blond.
Ach, das Meer hat nirgends freie Stellen,
und der Mensch verhüllt den Horizont.

Hier bleibt keine Wahl als zu ersaufen!
Und man macht sich schwer wie einen Stein.
Langsam lässt man sich voll Wasser laufen.

Auf dem Meeresgrund ist man allein.

## *Wohltätigkeit*

Ihm war so scheußlich mild zumute.
Er konnte sich fast nicht verstehn.
Er war entschlossen, eine gute
und schöne Handlung zu begehn.

Das mochte an den Bäumen liegen
und an dem Schatten, den er warf.
Er hätte mögen Kinder kriegen,
obwohl ein Mann das gar nicht darf.

Der Abend ging der Nacht entgegen,
und aus den Gärten kam es kühl.
Er litt, und wusste nicht weswegen,
an einer Art von Mitgefühl.

Da sah er Einen, der am Zaune
versteckt und ohne Mantel stand.
Dem drückte er, in Geberlaune,
zehn Pfennig mitten in die Hand.

Er fühlte sich enorm gehoben,
als er darauf von dannen schritt,
und blickte anspruchsvoll nach oben,
als hoffe er, Gott schreite mit.

Jedoch der Mann, dem er den Groschen
verehrte, wollte nichts in bar
und hat ihn fürchterlich verdroschen!
Warum? Weil er kein Bettler war.

## *Monolog mit verteilten Rollen*

Geht dein Fenster auch zum Hof hinaus?
So ein Hof ist eine trübe Welt.
Wo du hinsiehst, steht ein andres Haus.
Und der Blick ist wie ein Wild umstellt.

Und wie traurig wird das erst zur Nacht!
Alle schlafen schon. Nur du schläfst nicht.
Und der Hof umgibt dich wie ein Schacht.
Und drei Sterne sind das ganze Licht.

Dann geschieht es wohl, dass du erschrickst,
wenn du, gegenüber, an der Wand,
einen Schatten, der dir winkt, erblickst.
Und du weichst zurück vor seiner Hand.

Doch wenn du zurückgewichen bist,
siehst du, dass auch er ins Dunkle trat.
Bis du merkst, dass es dein Schatten ist,
und du winktest selbst, wenn er es tat!

Und nun lächelst du. Und nickst ihm zu.
Beide Arme streckst du nach ihm aus.
Und er macht es ganz genau wie du.
Und sein Kopf ist größer als dein Haus.

Einmal bist du hier und einmal dort.
Und dir ist, als wärst du nicht allein.
Und du wagst dich nicht vom Fenster fort.
Denn dann würdst du wieder einsam sein.

Und du freust dich an dem Schattenspiel.
Und du wirst dem anderen fast gut.
Aber endlich wird's dir doch zu viel,
da er immer nur, was du tust, tut.

Keiner sah das nächtliche Duett,
nur im Hofe der verdorrte Strauch …
Und du gähnst betrübt. Und gehst ins Bett.
Und der andre drüben auch.

## *Plädoyer einer Frau*

Du darfst mir das, was war, nicht übel nehmen.
Ich sag es dir, obwohl du mich nicht fragst.
Sieh mich dabei nicht an! Ich will mich schämen
und tun, als ob die Toten wiederkämen.
Ich glaube nicht, dass du mich dann noch magst.

Ich will nicht sagen, dass ich mir verzeihe.
Denn darauf kommt es im Moment nicht an.
Ich wartete und kam nicht an die Reihe.
Wer keinen Mann hat, hat auf einmal zweie!
Doch fünf von diesen wären noch kein Mann.

Man fühlt: man könnte Einem was bedeuten.
Es ist nur traurig, dass es ihn nicht gibt.
Und dann umarmt man sich mit fremden Leuten
und wird zu einer von den vielen Bräuten,
die sich nur lieben lässt und selbst nicht liebt.

Die Zeit vergeht. Geduld ist keine Ware.
Man sucht nicht mehr. Man findet ab und zu.
Man sieht vom Fenster aus die Jagd der Jahre.
Man wartet nicht mehr auf das Wunderbare.
Und plötzlich kommt es doch! Denn nun kommst du!

Was war, das bleibt. Wie soll ich mich erneuen?
Mir wird ein Schmerz mit Nadeln zugenäht.
Was war, das bleibt. Man kann es nur bereuen.
Nun bist du da. Nun sollte ich mich freuen!
Ich bin nicht froh. Ist es denn schon zu spät?

## *Goldne Jugendzeit*

Wenn sie abends von der Arbeit kommen,
fahren sie, so schnell es geht, nach Haus.
Und sie sehen ziemlich mitgenommen
und wie kleine kranke Kinder aus.

Die Büros sind keine Puppenstuben.
Die Fabriken sind kein Nadelwald.
Und auch die modernsten Kohlengruben
sind kein idealer Aufenthalt.

Aber nicht nur müde sind sie, leider
hat ihr Müdesein auch keinen Zweck.
Vielmehr ziehn sie ihre Sonntagskleider
heimlich an und laufen wieder weg.

Und dann gehn sie irgendwohin tanzen.
Ins »Orpheum« oder wie es heißt.
Und sie treiben es im großen Ganzen,
mit und ohne Noten, ziemlich dreist!

Später sitzen sie in Parks auf Bänken,
und es ist aufs Haar wie einst im Mai.
Weiter können sie sich ja nichts schenken!
Und bis sie zu Hause sind, wird's drei.

Einmal werden sie sich schon noch fügen.
Wenn ihr Schicksal die Geduld verliert.
Ach, sie glauben, dass man zum Vergnügen
(noch dazu zum eignen) existiert.

Sie sind jung und täuschen sich nach Kräften.
6 Uhr 30, wenn der Wecker klirrt,
in der Bahn und dann in den Geschäften
merken sie: sie haben sich geirrt.

Menschen werden niemals Schmetterlinge.
Nektar ist, im besten Fall, ein Wort.
Jung und froh sein, sind verschiedne Dinge.
Und die Freude stirbt auf dem Transport.

## *Meyer IX. im Schnee*

Der Schnee hängt wie kandiertes Obst im Wald.
Es war ganz gut, dass ich gleich gestern fuhr.
Den Bäumen sind vielleicht die Füße kalt …
Doch was weiß unsereins von der Natur.

Der Schnee, das könnte klarer Zucker sein.
Als Kind hat man oft Ähnliches geglaubt.
Wieso fällt mir das heute wieder ein,
und weshalb überhaupt?

Vorher sind Wolken da. Und nachher schneit's.
Wie aber kommt der Schnee da erst hinauf?
Die Welt ist, wie gesagt, von großem Reiz.
Man passt nur gar nicht auf.

Die kleinen Flocken tanzen ein Ballett,
und viele große Berge sehen zu.
Das schneit und schneit! Die Erde liegt zu Bett.
Und kaltes Wasser hab ich auch im Schuh.

Wenn man so ganz allein im Walde steht,
begreift man nur sehr schwer,
wozu man in Büros und Kinos geht.
Und plötzlich will man alles das nicht mehr!

Ich las, es soll die ganze Woche schnein.
Für einen Menschen, der auf sich was hält,
ist es nicht leicht, im Schnee allein zu sein.
Da wackelt, eh er's denkt, die ganze Welt.

Na ja. Schon gut. Dort fließt ja auch ein Bach
und tut, als gäb es weiter nichts als ihn.
Es ist so furchtbar still. Mir fehlt der Krach.
Die ersten Nächte lieg ich sicher wach
und möchte nach Berlin.

## *Der Blinde an der Mauer*

Ohne Hoffnung, ohne Trauer
hält er seinen Kopf gesenkt.
Müde hockt er auf der Mauer.
Müde sitzt er da und denkt:

»Wunder werden nicht geschehen.
Alles bleibt so, wie es war.
Wer nichts sieht, wird nicht gesehen.
Wer nichts sieht, ist unsichtbar.

Schritte kommen, Schritte gehen.
Was das wohl für Menschen sind?
Warum bleibt denn niemand stehen?
Ich bin blind, und ihr seid blind.

Euer Herz schickt keine Grüße
aus der Seele ins Gesicht.
Hörte ich nicht eure Füße,
dächte ich, es gibt euch nicht.

Tretet näher! Lasst euch nieder,
bis ihr ahnt, was Blindheit ist.
Senkt den Kopf, und senkt die Lider,
bis ihr, was euch fremd war, wisst.

Und nun geht! Ihr habt ja Eile!
Tut, als wäre nichts geschehn.
Aber merkt euch diese Zeile:
Wer nichts sieht, wird nicht gesehn.«

## *Existenz im Wiederholungsfalle*

Man müsste wieder sechzehn Jahre sein
und alles, was seitdem geschah, vergessen.
Man müsste wieder seltne Blumen pressen
und (weil man wächst) sich an der Türe messen
und auf dem Schulweg in die Tore schrein.

Man müsste wieder nachts am Fenster stehn
und auf die Stimme der Passanten hören,
wenn sie den leisen Schlaf der Straßen stören.
Man müsste sich, wenn einer lügt, empören
und ihm fünf Tage aus dem Wege gehn.

Man müsste wieder durch den Stadtpark laufen
mit einem Mädchen, das nach Hause muss
und küssen will und Angst hat vor dem Kuss.
Man müsste ihr und sich, vor Ladenschluss,
für zwei Mark fünfzig ein paar Ringe kaufen.

Man würde seiner Mutter wieder schmeicheln,
weil man zum Jahrmarkt ein paar Groschen braucht.
Man sähe dann den Mann, der lange taucht.
Und einen Affen, der Zigarren raucht.
Und ließe sich von Riesendamen streicheln.

Man ließe sich von einer Frau verführen
und dächte stets: das ist Herrn Lehmanns Braut.
Man spürte ihre Hände auf der Haut.
Das Herz im Leibe schlüge hart und laut,
als schlügen nachts im Elternhaus die Türen.

Man sähe alles, was man damals sah.
Und alles, was seit jener Zeit geschah,
das würde nun zum zweiten Mal geschehn …
Dieselben Bilder willst du wiedersehn?
Ja!

## *Frau Großhennig schreibt an ihren Sohn*

Mein lieber Junge! Das war natürlich sehr schade,
dass Du zu meinem Geburtstag nicht kamst. Und nur
schriebst.
Die Nelken waren sehr schön. Und Bratwurst hatten
wir grade.
Weil ich doch hoffte, Du kämst. Und Du doch
Bratwurst so liebst.

Tante Isolde hat mir eine Lackledertasche geschenkt.
Nur Vater hatte es gänzlich vergessen.
Ich war erst traurig. Wo er doch sonst stets an alles
denkt.
Aber es gab viel zu tun, mit dem Kaffee, und dann mit
dem Abendessen.

Und wie geht es Dir sonst und bist Du den trockenen
Husten los?
Das macht mir Sorgen, mein Kind. Und das darf man
nicht hinhängen lassen.

Nächstens schick ich Dir Umlegekragen. Waren die
letzten zu groß?
Ja, wenn Du zu Hause wärst, dann würden die Kragen
schon passen.

Ach, Krauses älteste Tochter hat kürzlich ein Kind
gekriegt!
Wer der Vater ist, weiß kein Mensch. Und sie soll es
selber nicht wissen.
Ob denn das wirklich bloß an der Gymnasialbildung
liegt?
Und schick bald die schmutzige Wäsche. Der letzte
Karton war schrecklich zerrissen.

Mein Kostüm habe ich umfärben lassen. Jetzt ist es
marineblau.

Lass Dein Zimmer heizen! Wir machen schon lange
Feuer.
Das Fleisch, das kaufe ich jetzt bei unsrer
Gemüsefrau,
da ist es zehn Pfennige billiger. Ich finde es trotzdem
noch teuer.

Drei Monate bist Du nun schon nicht zu Hause
gewesen.
Lässt es sich wirklich nicht mal und wenn's auf zwei
Tage ist machen?
Erst vorgestern habe ich eine Berliner Zeitung
gelesen.
Fritz, sieh Dich bloß vor! Da passieren ja grässliche
Sachen!

Ist das Essen auch gut in dem Restaurant, wo Du isst?
Lass Dir doch abends von Deiner Wirtin zwei Eier
auf Butter braten.
Das wird alles anders, wenn Du erst richtig
verheiratet bist.
Ich weiß schon, Du hast keine Lust. Das ist schade, da
lässt sich nicht raten.

Unser neuer Zimmerherr, der hat eine richtige Braut.
Die ist mitunter bei ihm. Sonst bin ich mit ihm ganz
zufrieden.
Die Hausmannsfrau hat sie gesehn. Und sagte gestern
ganz laut,
das wäre nicht immer dieselbe. Ich müsste das
endlich verbieten.

Sonst geht es uns allen wenn man das Schlechte nicht
rechnet famos.
Ich hoffe dasselbe von Dir. Was wollte ich gleich noch
sagen?
Das Papier ist zu Ende. Leb wohl! Bei Ehrlichs ist
wieder was los.
Ich will nur den Brief noch ganz schnell in den
Bahnhofbriefkasten tragen.

Da fällt mir noch etwas ein. Doch es geht schon gar
nicht mehr her.
Kannst Du's auch lesen ? Frau Fleischer Stefan traf ich
jetzt im Theater.
Was die Erna ist, ihre Tochter. Die liebt Dich längst
schon. Und sehr.
Ich find sie recht nett. Na schon gut. Auch viele Grüße
von Vater.

## *Eisenbahnfahrt*

Die Welt ist rund. Man geht auf Reisen,
damit sich die Nervosität verliert.
Und Bauern stehen an den Gleisen,
als würden sie fotografiert.

Man sieht ein Schloss und spiegelglatte
Gewässer und ein rotes Feld mit Mohn.
Die Landschaft kreist wie eine Platte
auf Gottes großem Grammofon.

Der Schnellzug rast und will nicht rasten.
Die Hühner nicken längs der Bahn.
Vorm Fenster wehen Telegrafenmasten
wie Maiglöckchen aus Porzellan.

Die Drähte fallen tief und steigen.
Die Masten gehen manchmal in die Knie.
Es ist, als ob sie sich vor uns verneigen.
Uns wird so eigen!
Wir ziehn den Hut und grüßen sie
und schweigen.

## *Kleine Führung durch die Jugend*

Und plötzlich steht man wieder in der Stadt,
in der die Eltern wohnen und die Lehrer
und andre, die man ganz vergessen hat.
Mit jedem Schritte fällt das Gehen schwerer.

Man sieht die Kirche, wo man sonntags sang.
(Man hat seitdem fast gar nicht mehr gesungen.)
Dort sind die Stufen, über die man sprang.
Man blickt hinüber. Es sind andre Jungen.

Der Fleischer Kurzhals lehnt an seinem Haus.
Nun ist er alt. Man winkt ihm wie vor Jahren.
Er nickt zurück. Und sieht verwundert aus.
Man kennt ihn doch. Er ist sich nicht im Klaren.

Dann fährt man Straßenbahn und hat viel Zeit.
Der Schaffner ruft die kommenden Stationen.
Es sind Stationen der Vergangenheit!
Man dachte, sie sei tot. Sie blieb hier wohnen.

Dann steigt man aus. Und zögert. Und erschrickt.
Der Wind steht still, und alle Wolken warten.
Man biegt um eine Ecke. Und erblickt
ein schwarzes Haus in einem kahlen Garten.

Das ist die Schule. Hier hat man gewohnt.
Im Schlafsaal brennen immer noch die Lichter.
Im Amselpark schwimmt immer noch der Mond.
Und an die Fenster pressen sich Gesichter.

Das Gitter blieb. Und nun steht man davor.
Und sieht dahinter neue Kinderherden.
Man fürchtet sich. Und legt den Kopf ans Tor.
(Es ist, als ob die Hosen kürzer werden.)

Hier floh man einst. Und wird jetzt wieder fliehn.
Was nützt der Mut? Hier wagt man nicht zu retten.
Man geht, denkt an die kleinen Eisenbetten
und fährt am besten wieder nach Berlin.

## *Ein gutes Mädchen träumt*

Ihr träumte, sie träfe ihn im Café.
Er läse. Und säße beim Essen.
Und sähe sie an. Und sagte zu ihr:
»Du hast das Buch vergessen!«

Da nickte sie. Und drehte sich um.
Und lächelte verstohlen.
Und trat auf die späte Straße hinaus
und dachte: ich will es holen.

Der Weg war weit. Sie lief und lief.
Und summte ein paar Lieder.
Sie stieg in die Wohnung. Und blieb eine Zeit.
Und schließlich ging sie wieder.

Und als sie das Café betrat,
saß er noch immer beim Essen.
Er sah sie kommen. Und rief ihr zu:
»Du hast das Buch vergessen!«

Da stand sie still und erschrak vor sich.
Und konnte es nicht verstehen.
Dann nickte sie wieder. Und trat vor die Tür,
um den Weg noch einmal zu gehen.

Sie war so müde. Und ging. Und kam.
Und hätte so gerne gesessen.
Er sah kaum hoch. Und sagte bloß:
»Du hast das Buch vergessen!«

Sie kehrte um. Sie kam. Sie ging.
Schlich Treppen auf und nieder.
Und immer wieder fragte er.
Und immer ging sie wieder.

Sie lief wie durch die Ewigkeit!
Sie weinte. Und er lachte.
Ihr flossen Tränen in den Mund.
Auch noch, als sie erwachte.

## *Maskenball im Hochgebirge*

Eines schönen Abends wurden alle
Gäste des Hotels verrückt, und sie
rannten Schlager brüllend aus der Halle
in die Dunkelheit und fuhren Ski.

Und sie sausten über weiße Hänge.
Und der Vollmond wurde förmlich fahl.
Und er zog sich staunend in die Länge.
So etwas sah er zum ersten Mal.

Manche Frauen trugen nichts als Flitter.
Andre Frauen waren in Trikots.
Ein Fabrikdirektor kam als Ritter.
Und der Helm war ihm zwei Kopf zu groß.

Sieben Rehe starben auf der Stelle.
Diese armen Tiere traf der Schlag.
Möglich, dass es an der Jazzkapelle –
denn auch die war mitgefahren – lag.

Die Umgebung glich gefrornen Betten.
Auf die Abendkleider fiel der Reif.
Zähne klapperten wie Kastagnetten.
Frau von Cottas Brüste wurden steif.

Das Gebirge machte böse Miene.
Das Gebirge wollte seine Ruh.
Und mit einer mittleren Lawine
deckte es die blöde Bande zu.

Dieser Vorgang ist ganz leicht erklärlich.
Der Natur riss einfach die Geduld.
Andre Gründe hierfür gibt es schwerlich.
Den Verkehrsverein trifft keine Schuld.

Man begrub die kalten Herrn und Damen.
Und auch etwas Gutes war dabei:
für die Gäste, die am Mittwoch kamen,
wurden endlich ein paar Zimmer frei.

## *Apropos, Einsamkeit!*

Man kann mitunter scheußlich einsam sein!
Da hilft es nichts, den Kragen hochzuschlagen
und vor Geschäften zu sich selbst zu sagen:
Der Hut da drin ist hübsch, nur etwas klein …

Da hilft es nichts, in ein Café zu gehn
und aufzupassen, wie die andern lachen.
Da hilft es nichts, ihr Lachen nachzumachen.
Es hilft auch nicht, gleich wieder aufzustehn.

Da schaut man seinen eignen Schatten an.
Der springt und eilt, um sich nicht zu verspäten,
und Leute kommen, die ihn kühl zertreten.
Da hilft es nichts, wenn man nicht weinen kann.

Da hilft es nichts, mit sich nach Haus zu fliehn
und, falls man Brom zu Haus hat, Brom zu nehmen.
Da hilft es nichts, sich vor sich selbst zu schämen
und die Gardinen hastig vorzuziehn.

Da spürt man, wie es wäre: klein zu sein.
So klein, wie nagelneue Kinder sind!
Dann schließt man beide Augen und wird blind.
Und liegt allein …

## *Albumvers*

Die Hühner fühlten sich plötzlich verpflichtet,
statt Eiern Apfeltörtchen zu legen.
Die Sache zerschlug sich. Und zwar weswegen?
Das Huhn ist auf Eier eingerichtet.
(So wurde schon manche Idee vernichtet.)

## *Beispiel von ewiger Liebe*

Im gelben Autobus ging's durch den Ort,
schnell hinein, schnell hinaus.
Erstes Haus, letztes Haus.
Fort.

Hab ich den Namen vergessen?
Ob ich ihn überhaupt las?
Es war eine Kleinstadt in Hessen,
zwischen Reben und Gras.

Du lehntest am grünen Staket,
als du mich plötzlich erblicktest.
Dann hab ich mich umgedreht.
Du nicktest.

Darf ich nicht Du zu dir sagen?
Es war keine Zeit dazu,
erst um Erlaubnis zu fragen.
Ich sage Du.

Ich wünsche es sehnlich,
ich stände bei dir.
Ging dir's nicht ähnlich?
Ging dir's wie mir?

Der Zufall hat keinen Verstand.
Es heißt, er sei blind.
Er gab und entzog uns hastig die Hand
wie ein ängstliches Kind.

Ich bin entschlossen, fest daran zu glauben,
dass du die Richtige gewesen wärst.
Du kannst mir diese Illusion nicht rauben,
da du sie nicht erfährst.

Du lehntest lächelnd am grünen Staket.
Es war im Taunus. Es war in Hessen.
Ich habe den Namen des Ortes vergessen.
Die Liebe besteht.

## *Brief aus einem Herzbad*

Wie geht es Dir? Es ist schon reichlich spät.
Der Doktor fände sicher, dass es schadet.
Das Pferd von Droschke 7, heißt es, badet.
Und selbst die Hunde leben hier Diät.

Sogar der Luft entzieht man Koffein!
Das Atmen wird dadurch fast ungefährlich.
Es ist ja leider noch nicht ganz entbehrlich.
Wie einfach mir das Atmen früher schien …

Seit gestern nehm ich täglich zwölfmal ein.
Nichts einzunehmen wäre das Verkehrtste.
Hier nehmen alle ein. Sogar die Ärzte!
Der eine soll so reich wie Morgan sein.

Das Schönste sind die kohlensauren Bäder.
Zehntausend Perlen sitzen auf der Haut.
Man ähnelt einer Wiese, wenn es taut.
Kann sein, es nützt. Das merkt man erst viel später.

Ich inhaliere auch. Das ist gesund.
Da sitzen Herren, meistens hochbejahrt,
mit Kinderlätzchen vor dem Rauschebart
und Porzellanzigarren fesch im Mund.

Des Weiteren mach ich die Brunnenkur.
Das Wasser schmeckt wie Hering mit Lakritzen.
Und bleibt man, wie vom Blitz erschlagen, sitzen,
und die Kapelle schwelgt im »Troubadour«.

Wer da nicht krank wird, darf für trotzig gelten.
Der Doktor Barthel untersucht mich oft,
weil er noch dies und das zu finden hofft.
Er ist der Chef. Wir sind die Angestellten.

Ich sehne mich nach einem Glase Bier.
Nach Dir natürlich auch. Doch ich muss baden.
Kneif Dich, in meinem Auftrag, in die Waden.
Was war denn noch? Ja so: Wie geht es Dir?

## *Junger Mann, 5 Uhr morgens*

Wenn ich dich früh verlasse,
tret ich aus deinem Haus
still auf die kahle, blasse,
öde Straße hinaus.

In dem Geäst sind Spatzen
zänkisch beim ersten Lied.
Drunter hocken zwei Katzen,
hölzern vor Appetit.

Wirst du noch lange weinen?
Oder ob du schon schläfst?
Wenn du doch endlich einen
besseren Menschen träfst.

In dem Laden, beim Bäcker,
wird der Kuchen zu Stein.
Wütend erwacht ein Wecker,
brüllt und schläft wieder ein.

Noch ist die große Pause
zwischen der Nacht und dem Tag.
Und ich geh nach Hause,
weil ich mich nicht mag.

Noch brennt hinter deinen
Fenstern etwas Licht.
Wirst du noch lange weinen?
Bald wird die Sonne scheinen.
Aber sie scheint noch nicht.

## *Aufforderung zur Bescheidenheit*

Wie nun mal die Dinge liegen,
und auch wenn es uns missfällt:
Menschen sind wie Eintagsfliegen
an den Fenstern dieser Welt.

Unterschiede sind fast keine,
und was war auch schon dabei!
Nur: die Fliege hat sechs Beine,
und der Mensch hat höchstens zwei.

## *Frühling auf Vorschuss*

Im Grünen ist's noch gar nicht grün.
Das Gras steht ungekämmt im Wald,
als sei es tausend Jahre alt.
Hier also, denkt man, sollen bald
die Glockenblumen blühn?

Die Blätter sind im Dienst ergraut
und rascheln dort und rascheln hier,
als raschle Butterbrotpapier.
Der Wind spielt überm Wald Klavier,
mal leise und mal laut.

Doch wer das Leben kennt, der kennt's.
Und sicher wird's in diesem Jahr
so, wie's in andern Jahren war.
Im Walde sitzt ein Ehepaar
und wartet auf den Lenz.

Man soll die beiden drum nicht schelten.
Sie lieben eben die Natur
und sitzen gern in Wald und Flur.
Man kann's ganz gut verstehen, nur:
sie werden sich erkälten!

## *Nasser November*

Ziehen Sie die ältesten Schuhe an,
die in Ihrem Schrank vergessen stehn!
Denn Sie sollten wirklich dann und wann
auch bei Regen durch die Straßen gehn.

Sicher werden Sie ein bisschen frieren,
und die Straßen werden trostlos sein.
Aber trotzdem: gehn Sie nur spazieren!
Und, wenn's irgend möglich ist, allein.

Müde fällt der Regen durch die Äste.
Und das Pflaster glänzt wie blauer Stahl.
Und der Regen rupft die Blätterreste.
Und die Bäume werden alt und kahl.

Abends tropfen hunderttausend Lichter
zischend auf den glitschigen Asphalt.
Und die Pfützen haben fast Gesichter.
Und die Regenschirme sind ein Wald.

Ist es nicht, als stiegen Sie durch Träume?
Und Sie gehn doch nur durch eine Stadt!
Und der Herbst rennt torkelnd gegen Bäume.
Und im Wipfel schwankt das letzte Blatt.

Geben Sie ja auf die Autos acht.
Gehn Sie, bitte, falls Sie friert, nach Haus!
Sonst wird noch ein Schnupfen heimgebracht.
Und, ziehn Sie sofort die Schuhe aus!

## *Ein Mann gibt Auskunft*

Das Jahr war schön und wird nicht wiederkehren.
Du wusstest, was ich wollte, stets und gehst.
Ich wünschte zwar, ich könnte dir's erklären,
und wünsche doch, dass du mich nicht verstehst.

Ich riet dir manchmal, dich von mir zu trennen,
und danke dir, dass du bis heute bliebst.
Du kanntest mich und lerntest mich nicht kennen.
Ich hatte Angst vor dir, weil du mich liebst.

Du denkst vielleicht, ich hätte dich betrogen.
Du denkst bestimmt, ich wäre nicht wie einst.
Und dabei habe ich dich nie belogen!
Wenn du auch weinst.

Du zürntest manchmal über meine Kühle.
Ich muss dir sagen: Damals warst du klug.
Ich hatte stets die nämlichen Gefühle.
Sie waren aber niemals stark genug.

Du denkst, das klingt, als wollte ich mich loben
und stünde stolz auf einer Art Podest.
Ich stand nur fern von dir. Ich stand nicht oben.
Du bist mir böse, weil du mich verlässt.

Es gibt auch andre, die wie ich empfinden.
Wir sind um so viel ärmer, als Ihr seid.
Wir suchen nicht. Wir lassen uns bloß finden.
Wenn wir Euch leiden sehn, packt uns der Neid.

Ihr habt es gut. Denn Ihr dürft alles fühlen.
Und wenn Ihr trauert, drückt uns nur der Schuh.
Ach, unsere Seelen sitzen wie auf Stühlen
und sehn der Liebe zu.

Ich hatte Furcht vor dir. Du stelltest Fragen.
Ich brauchte dich und tat dir doch nur weh.
Du wolltest Antwort. Sollte ich denn sagen:
»Geh!«

Es ist bequem, mit Worten zu erklären.
Ich tu es nur, weil du es so verlangst.
Das Jahr war schön und wird nicht wiederkehren.
Und wer kommt nun? Leb wohl! Ich habe Angst.

## *Fauler Zauber*

Frühmorgens in der Wanne geht es los.
Man sitzt und wünscht sich, nie mehr aufzustehen,
und ist zu faul, die Hähne zuzudrehen.
Man müsste baden. Doch man plätschert bloß.
Das Wasser steigt. Man starrt auf seine Zehen,
als wären es platonische Ideen.
Da irrt man sich. Sie sind nur etwas groß.

Man lächelt so, als röche man an Rosen,
und ist verwundert, dass man lächeln kann.
Denn man ist faul. Doch Lächeln greift nicht an.
Ach, der Verstand ist noch in Unterhosen!
Die Energie, der Kopf, der ganze Mann –
sie sind verreist, und keiner weiß, bis wann.
Man sitzt und zählt sich zu den Arbeitslosen.

Man liegt und schläft, auch wenn man isst und geht.
Und trollt durch Straßen, summt ein dummes Zeil-
chen
und schäkert in den Gärten mit den Veilchen.
Fast wie ein Luftballon wird man verweht.
Man zupft den Brief von Fee in tausend Teilchen.
Und wirft ihn weg. Und wartet noch ein Weilchen,
ob wenigstens der Wind den Brief versteht.

So faul ist man! Und hat so viel zu tun.
Und Uhren ticken rings in allen Taschen.
Die Zeit entflieht und will, man soll sie haschen,
und rennt sich fast die Sohlen von den Schuhn.
Man ist zu faul, die Seele reinzuwaschen.
Man wird die Stunden wie Bonbons vernaschen
und schleicht nach Hause, um sich auszuruhn.

Faulheit strengt an, als stemme man Gewichte.
Man ist allein, und das ist kein Verkehr.
Und Steineklopfen ist nicht halb so schwer.
Man steht herum und steht dem Glück im Lichte.
Und dass man lächelt, spürt man gar nicht mehr.
Vom Nichtstun wird nicht nur der Beutel leer …
Das ist das Traurigste an der Geschichte.

## *Ein Buchhalter schreibt seiner Mutter*

Heute erhielt ich die Wäsche, Du Gute.
Und unter Brüdern, es wurde Zeit.
Der Postbote kam in letzter Minute.
Was sagst Du, mir sind die Kragen zu weit.

Kein Wunder, fortwährend die Sache mit Hilde.
Ich heirate nicht bei diesem Gehalt.
Ich hab's ihr erklärt. Und nun ist sie im Bilde.
Sie wartet nicht länger, sonst wird sie zu alt.

Du schreibst, dass ich Deine Briefe nicht läse
und Du nur noch Postkarten schicken wirst.
Du schreibst, dass Du denkst, dass ich Dich vergäße.
Wie Du Dich irrst …

Wie gern ich Dir öfter und gründlicher schriebe
und nicht bloß den ewigen Wochenbericht!
Ich dachte, Du wüsstest, dass ich Dich liebe.
Im letzten Briefe, da weißt Du es nicht.

Da sitz ich nun ständig und rechne und buche
fünfstellige Zahlen und werde kaum satt.
Ob ich mir vielleicht mal was anderes suche?
Am besten, in einer anderen Stadt?

Ich bin doch nicht dumm, doch ich komm nicht vom
Flecke.
Ich lebe, aber man merkt es nicht sehr.
Ich lebe auf einer Nebenstrecke.
Das ist nicht nur traurig. Es fällt auch schwer.

Du schreibst, dass am Sonntag die Breslauer
kommen.
Wie ist das denn übrigens, hast Du Dir,
ich bat Dich darum, eine Waschfrau genommen?
Und wenn sie kommen, dann grüße von mir!

Und schick zum Geburtstag nicht wieder Geschenke!
Du sparst es Dir ab. Denn ich kenne das schon.
Und schreib ich zu wenig, so glaub mir, ich denke
fast immer an Dich. Viele Grüße. Dein Sohn.

## *Ein Geizhals geht im Regen*

Der Frühling gießt den Regen durch ein Sieb.
Die Veilchen stehen Hand in Hand und flennen.
Wenn die erst wüssten, was mir Dora schrieb.
Sie sei zwar äußerst sparsam im Betrieb,
doch trotzdem müssten wir uns, meint sie, trennen.

Die Bäume sind nur, wenn man hinschaut, kahl.
Die Straße blüht, als wär's zum ersten Mal.
Was alles grün ist, selbst die Autotaxen!
Ich lass mir keine grauen Haare wachsen.
Für so etwas ist meine Brust zu schmal.

Der Regen regnet fast wie dünner Zwirn.
Der liebe Gott näht Blumen auf den Rasen.
Ich hätte Rheumatismus im Gehirn
und eine, schreibt sie mir, plissierte Stirn.
»Und meine Seele lief sich bei dir Blasen.«

Herr Ober, bitte eine andre Frau!
Ein Glück, dass Frühling wird. Die Luft weht lau.
Und von den Wunden spürt man nur die Narbe.
Die Welt ist grau, und Grau ist keine Farbe!
Jetzt sind sogar die schwarzen Wolken blau.

Die Blumen blühn, und keiner kennt den Grund.
Man atmet dreimal tief und ist gesund.
Ich kann nur sagen: »Ora et labora.«
Ich ärgere mich nicht weiter über Dora
und kaufe mir am Ersten einen Hund.

Nanu, da ist ja schon der Lietzensee.
Jetzt geh ich heim und koche mir Kaffee
und fress ihn ganz allein, den guten Kuchen.
Paul hat im Kino kostenlos Entree.
Den könnte ich zum Abendbrot besuchen.

## *Ballade vom Misstrauen*

Plötzlich fühlte er: »Ich muss hinüber.«
Und er fuhr fünf Stunden und stieg aus.
Daraufhin lief er durch viele Straßen.
Denn er hatte Furcht vor ihrem Haus.

Gegen Abend nahm er sich zusammen.
Doch in ihren Fenstern war kein Licht.
Wartend stand er auf der dunklen Straße.
Und der Mond versank im Landgericht.

Später hielt ein Taxi vor der Türe.
Und er dachte sich: »Das wird sie sein.«
Und sie war's! Mit irgend einem Manne
trat sie hastig in das Haus hinein.

Wieder stand er auf der leeren Straße.
Und die Zimmer oben wurden hell.
Schatten bogen sich auf den Gardinen.
Aus entfernten Gärten klang Gebell.

Während sich die Stunden überholten,
rauchte er und saß auf einer Bank.
Gegen Morgen fing es an, zu regnen.
Trotzdem wurde ihm die Zeit nicht lang.

Als es tagte, zerrte er die Briefe,
die sie ihm geschrieben hatte, vor.
Und er las, wie innig sie ihn liebe …
Und er nickte zu dem Haus empor.

Sechs Uhr früh trat der Herr Stellvertreter
aus der Tür und ging und pfiff ein Lied.
Und der Mann, der auf der Bank saß, dachte
tief beschämt: »Wenn man mich nur nicht sieht.«

Oben öffnete die Frau die Fenster,
trat auf den Balkon und gähnte sehr.
Da erhob er sich und ging zum Bahnhof.
Sie erschrak und starrte hinterher.

## *Vornehme Leute, 1200 Meter hoch*

Sie sitzen in den Grandhotels.
Ringsum sind Eis und Schnee.
Ringsum sind Berge, Wald und Fels.
Sie sitzen in den Grandhotels
und trinken immer Tee.

Sie haben ihren Smoking an.
Im Walde klirrt der Frost.
Ein kleines Reh hüpft durch den Tann.
Sie haben ihren Smoking an
und lauern auf die Post.

Sie tanzen Blues im Blauen Saal,
wobei es draußen schneit.
Es blitzt und donnert manches Mal.
Sie tanzen Blues im Blauen Saal
und haben keine Zeit.

Sie schwärmen sehr für die Natur
und heben den Verkehr.
Sie schwärmen sehr für die Natur
und kennen die Umgebung nur
von Ansichtskarten her.

Sie sitzen in den Grandhotels
und sprechen viel von Sport.
Doch einmal treten sie, im Pelz,
sogar vors Tor der Grandhotels
und fahren wieder fort!

## *Gewisse Ehepaare*

Ob sie nun gehen, sitzen oder liegen,
sie sind zu zweit.
Man sprach sich aus. Man hat sich ausgeschwiegen.
Es ist so weit.

Das Haar wird dünner, und die Haut wird gelber,
von Jahr zu Jahr.
Man kennt den andern besser als sich selber.
Der Fall liegt klar.

Man spricht durch Schweigen. Und man schweigt
  mit Worten.
Der Mund läuft leer.
Die Schweigsamkeit besteht aus neunzehn Sorten.
(Wenn nicht aus mehr.)

Vom Anblick ihrer Seelen und Krawatten
wurden sie bös.
Sie sind wie Grammofone mit drei Platten.
Das macht nervös.

Wie oft sah man einander beim Betrügen
voll ins Gesicht!
Man kann zur Not das eigne Herz belügen,
das andre nicht.

Sie lebten feig und wurden unansehnlich.
Jetzt sind sie echt.
Sie sind einander zum Erschrecken ähnlich.
Und das mit Recht.

Sie wurden stumpf wie Tiere hinterm Gitter.
Sie flohen nie.
Und manchmal steht vorm Käfige ein Dritter.
Der ärgert sie.

Nachts liegen sie gefangen in den Betten
und stöhnen sacht,
während ihr Traum aus Bett und Kissen Ketten
und Särge macht.

Sie mögen gehen, sitzen oder liegen,
sie sind zu zweit.
Man sprach sich aus. Man hat sich ausgeschwiegen.
Nun ist es Zeit …

## *In der Seitenstraße*

Hier ist es dunkel. Komm noch etwas näher.
Hier ist es fast, als wäre man im Wald.
Was soll man andres tun als Europäer?
Die Stadt ist groß, und klein ist das Gehalt.

Man liest manchmal in seltsamen Romanen
von Inseln, wo fast keine Menschen sind.
Dort gibt es Palmen statt der Straßenbahnen.
Und kleine Affen schaukeln sich im Wind.

Und an das Ufer spülen manchmal Fässer.
Darin ist Cornedbeef und Pilsner Bier.
Dort haben es die Liebespaare besser!
Wir sind nicht dort, mein Kerlchen, sondern hier.

Hier stört man uns, als täte man's zum Spaße.
Die Städte schrein und platzen vor Betrieb.
Da stehn wir nun in einer Seitenstraße
und haben uns »nur zur Verrechnung« lieb.

Es sieht fast aus, als wollten wir wen meucheln.
Dabei ist unsere Absicht gar nicht bös.
Ein bisschen küssen … Und ein bisschen
streicheln …
Ach, wer sich liebt, den macht Berlin nervös.

Was hilft das alles? Reizend war es heute.
Vermutlich kriegst du wieder Krach zu Haus.
Es ist, als wohnten hier gar keine Leute.
Na ja, und ich muss morgen zeitig raus.

Ich bringe dich noch bis zur Haltestelle.
Gleich ist es Zeit. Gleich kommt dein Autobus.
Hast du mich lieb? Gib mir noch einen Kuss.
Und Mittwoch sehn wir uns. Auf alle Fälle.
Nun aber Schluss!

## *Kurz gefasster Lebenslauf*

Wer nicht zur Welt kommt, hat nicht viel verloren.
Er sitzt im All auf einem Baum und lacht.
Ich wurde seinerzeit als Kind geboren,
eh ich's gedacht.

Die Schule, wo ich viel vergessen habe,
bestritt seitdem den größten Teil der Zeit.
Ich war ein patentierter Musterknabe.
Wie kam das bloß? Es tut mir jetzt noch leid.

Dann gab es Weltkrieg, statt der Großen Ferien.
Ich trieb es mit der Fußartillerie.
Dem Globus lief das Blut aus den Arterien.
Ich lebte weiter. Fragen Sie nicht, wie.

Bis dann die Inflation und Leipzig kamen.
Mit Kant und Gotisch, Börse und Büro,
mit Kunst und Politik und jungen Damen.
Und sonntags regnete es sowieso.

Nun bin ich beinah vierzig Jahre
und habe eine kleine Versfabrik.
Ach, an den Schläfen blühn schon graue Haare,
und meine Freunde werden langsam dick.

Ich setze mich sehr gerne zwischen Stühle.
Ich säge an dem Ast, auf dem wir sitzen.
Ich gehe durch die Gärten der Gefühle,
die tot sind, und bepflanze sie mit Witzen.

Auch ich muss meinen Rucksack selber tragen!
Der Rucksack wächst. Der Rücken wird nicht breiter.
Zusammenfassend lässt sich etwa sagen:
Ich kam zur Welt und lebe trotzdem weiter.

## *Kleine Stadt am Sonntagmorgen*

Das Wetter ist recht gut geraten.
Der Kirchturm träumt vom lieben Gott.
Die Stadt riecht ganz und gar nach Braten
und auch ein bisschen nach Kompott.

Am Sonntag darf man lange schlafen.
Die Gassen sind so gut wie leer.
Zwei alte Tanten, die sich trafen,
bestreiten rüstig den Verkehr.

Sie führen wieder mal die alten
Gespräche, denn das hält gesund.
Die Fenster gähnen sanft und halten
sich die Gardinen vor den Mund.

Der neue Herr Provisor lauert
auf sein gestärktes Oberhemd.
Er flucht, weil es so lange dauert.
Man merkt daran: Er ist hier fremd.

Er will den Gottesdienst besuchen,
denn das erheischt die Tradition.
Die Stadt ist klein. Man soll nicht fluchen.
Pauline bringt das Hemd ja schon!

Die Stunden machen kleine Schritte
und heben ihre Füße kaum.
Die Langeweile macht Visite.
Die Tanten flüstern über Dritte.
Und drüben, auf des Marktes Mitte,
schnarcht leise der Kastanienbaum.

## *Exemplarische Herbstnacht*

Nachts sind die Straßen so leer.
Nur ganz mitunter
markiert ein Auto Verkehr.
Ein Rudel bunter,
raschelnder Blätter jagt hinterher.

Die Blätter jagen und hetzen.
Und doch weht kein Wind.
Sie rascheln wie Fetzen und hetzen
und folgen geheimen Gesetzen,
obwohl sie gestorben sind.

Nachts sind die Straßen so leer.
Die Lampen brennen nicht mehr.
Man geht und möchte nicht stören.
Man könnte das Gras wachsen hören,
wenn Gras auf den Straßen wär.

Der Himmel ist kalt und weit.
Auf der Milchstraße hat's geschneit.
Man hört seine Schritte wandern,
als wären es Schritte von andern,
und geht mit sich selbst zu zweit.

Nachts sind die Straßen so leer.
Die Menschen legten sich nieder.
Nun schlafen sie, treu und bieder.
Und morgen fallen sie wieder
übereinander her.

## *Die Heimkehr des verlorenen Sohnes*

Erst wollte er bis ans Mittelmeer.
Er war schon auf halber Strecke
und stieg im Schnee und in Innsbruck umher.
Der Himmel war blau. Das gefiel ihm sehr.
Und er staunte an jeder Ecke.

Dann hatte er noch zehn Tage Zeit
und wollte nach Nizza reisen.
Er war vergnügt wie nicht gescheit
und lachte und dachte: Die Welt ist zwar weit,
doch ich werde ihr's schon beweisen.

So kam der Tag, an dem er fuhr.
Es war schon alles in Butter.
Da blickte er plötzlich erstaunt auf die Uhr
und pfiff auf Nizza und die Natur
und reiste zu seiner Mutter.

Die Fahrt erschien ihm wunderbar.
Er winkte jedem Flüsschen.
Es war schon über ein volles Jahr,
dass er nicht mehr zu Hause war.
Und da schämte er sich ein bisschen.

Dann kam er an und stieg schnell aus,
mit seinen Koffern und Taschen.
Er kaufte Blumen und fuhr nach Haus
und sagte versteckt hinterm Blumenstrauß:
»Ich wollte dich überraschen.«

Jetzt saß er zwar nicht in Nizza und Cannes,
doch er saß in Mutters Zimmer.
Sie schwieg und lachte dann und wann
und erzählte und brachte Kuchen an
und betrachtete ihn immer …

Zehn ganze Tage blieb er hier!
Bis zur allerletzten Minute.
Dann fuhr er fort und winkte ihr.
Sie stand verlassen am Bahnsteig 4
und sagte gerührt: »Der Gute.«

## *Verzweiflung Nr. 1*

Ein kleiner Junge lief durch die Straßen
und hielt eine Mark in der heißen Hand.
Es war schon spät, und die Kaufleute maßen
mit Seitenblicken die Uhr an der Wand.

Er hatte es eilig. Er hüpfte und summte:
»Ein halbes Brot. Und ein Viertelpfund Speck.«
Das klang wie ein Lied. Bis es plötzlich verstummte.
Er tat die Hand auf. Das Geld war weg.

Da blieb er stehen und stand im Dunkeln.
In den Ladenfenstern erlosch das Licht.
Es sieht zwar gut aus, wenn die Sterne funkeln.
Doch zum Suchen von Geld reicht das Funkeln nicht.

Als wolle er immer stehen bleiben,
stand er. Und war, wie noch nie, allein.
Die Rollläden klapperten über die Scheiben.
Und die Laternen nickten ein.

Er öffnete immer wieder die Hände.
Und drehte sie langsam hin und her.
Dann war die Hoffnung endlich zu Ende.
Er öffnete seine Fäuste nicht mehr …

Der Vater wollte zu essen haben.
Die Mutter hatte ein müdes Gesicht.
Sie saßen und warteten auf den Knaben.
Der stand im Hof. Sie wussten es nicht.

Der Mutter wurde allmählich bange.
Sie ging ihn suchen. Bis sie ihn fand.
Er lehnte still an der Teppichstange
und kehrte das kleine Gesicht zur Wand.

Sie fragte erschrocken, wo er denn bliebe.
Da brach er in lautes Weinen aus.
Sein Schmerz war größer als ihre Liebe.
Und beide traten traurig ins Haus.

## *Höhere Töchter im Gespräch*

Die Eine sitzt. Die Andre liegt.
Sie reden viel. Die Zeit verfliegt.
Das scheint sie nicht zu stören.
Die Eine liegt. Die Andre sitzt.
Sie reden viel. Das Sofa schwitzt
und muss viel Dummes hören.

Sie sind sehr wirkungsvoll gebaut
und haben ausgesuchte Haut.
Was mag der Meter kosten?
Sie sind an allen Ecken rund.
Sie sind bemalt, damit der Mund
und die Figur nicht rosten.

Ihr Duft erinnert an Gebäck.
Das Duften ist ihr Lebenszweck,
vom Scheitel bis zur Zehe.
Bis beide je ein Mann mit Geld
in seine gute Stube stellt.
Das nennt man dann: Die Ehe.

Sie knabbern Pralinés und Zeit;
von ihren Männern, Hut und Kleid
und keine Kinder kriegend.
So leben sie im Grunde nur
als 44er Figur,
teils sitzend und teils liegend.

Ihr Kopf ist hübsch und ziemlich hohl.
Sie fühlen sich trotzdem sehr wohl.
Was lässt sich daraus schließen?
Man schaut sie sich zwar gerne an,
doch ganz gefielen sie erst dann,
wenn sie das Reden ließen.

## *Ein Baum lässt grüßen*

Man reist von einer Stadt zur andern Stadt.
Vier Schinkenbrote hat man schon gegessen.
Der Zug fährt gut. Die Fahrt geht glatt.
Man rechnet aus, ob man Verspätung hat,
und fühlt sich frei von höhern Interessen.

Man blickt durchs Fenster. Gänzlich ohne Zweck.
Man könnte ebenso die Augen schließen.
Dann schielt man nach dem Handgepäck.
Am Zug tanzt Schnee vorbei. Ein Dorf im Dreck.
Und Rhomboide. Doch das sind sonst Wiesen.

Man gähnt. Und ist zu faul, die Hand zu nehmen.
Man überlegt schon, ob man müde ist …
Die Dame rechts soll sich was schämen!
Wenn ihre Hüften bloß nicht näher kämen!
Wie schnell der Mensch das Müdesein vergisst.

Man überlegt sich, ob man ihr entweiche.
Sie lehnt sich an. Und tut, als wär's im Traum.
Da sieht man draußen plötzlich eine Eiche!
Es kann auch Ahorn sein. Das ist das Gleiche.
Denn eins steht fest: Es ist ein Baum!

Und da entsinnt man sich. Und ist entsetzt:
Seit zwanzig Jahren sah man keine Felder!
Das heißt, man sah sie wohl. Doch nicht wie jetzt!
Wann sah man denn ein Blumenbeet zuletzt?
Und wann zum letzten Male Birkenwälder?

Man hat vergessen, dass es Gärten gibt.
Und kleine Vögel drin, die abends flöten.
Und blaue Veilchen, die die Mutter liebt …
Und während sich die Dame näher schiebt,
greift man gefasst zu weitren Schinkenbröten.

## *Wiegenlied, väterlicherseits*

Schlaf ein, mein Kind! Schlaf ein, mein Kind!
Man hält uns für Verwandte.
Doch ob wir es auch wirklich sind?
Ich weiß es nicht, schlaf ein, mein Kind!
Mama ist bei der Tante …

Schlaf ein, mein Kind! Sei still! Schlaf ein!
Man kann nichts Klügres machen.
Ich bin so groß. Du bist so klein.
Wer schlafen kann, darf glücklich sein.
Wer schlafen darf, kann lachen.

Nachts liegt man neben einer Frau,
die sagt: Lass mich in Ruhe!
Sie liebt mich nicht. Sie ist so schlau.
Sie hext mir meine Haare grau.
Wer weiß, was ich noch tue.

Schlaf ein, mein Kind! Mein Kindchen, schlaf!
Du hast nichts zu versäumen.
Man träumt vielleicht, man wär ein Graf.
Man träumt vielleicht, die Frau wär brav.
Es ist so schön, zu träumen …

Man schuftet, liebt und lebt und frisst
und kann sich nicht erklären,
wozu das alles nötig ist!
Sie sagt, dass du mir ähnlich bist.
Mag sich zum Teufel scheren!

Der hat es gut, den man nicht weckt.
Wer tot ist, schläft am längsten.
Wer weiß, wo deine Mutter steckt!
Sei ruhig. Hab ich dich erschreckt?
Ich wollte dich nicht ängsten.

Vergiss den Mond! Schlaf ein, mein Kind!
Und lass die Sterne scheinen.
Vergiss auch mich. Vergiss den Wind!
Nun gute Nacht! Schlaf ein, mein Kind!
Und, bitte, lass das Weinen …!

## *Kalenderspruch*

Vergiss in keinem Falle,
auch dann nicht, wenn Vieles misslingt:
Die Gescheiten werden nicht alle!
(So unwahrscheinlich das klingt.)

## *Genesis der Niedertracht*

Eines merkt man stündlich und täglich:
Kinder sind hübsch und offen und gut,
aber Erwachsene sind unerträglich.
Manchmal nimmt uns das allen Mut.

Böse und hässliche alte Leute
waren als Kinder fast tadellos.
Nette und reizende Kinder von heute
werden später kleinlich und groß.

Wie ist das möglich? Was soll das heißen?
Sind denn die Kinder auch nur echt,
wenn sie den Fliegen die Flügel ausreißen?
Sind denn auch schon die Kinder schlecht?

Jeder Charakter ist durch Zwei teilbar,
da Gut und Böse beisammen sind.
Doch die Bosheit ist unheilbar,
und die Güte stirbt als Kind.

## *Lob des Einschlafens*

Man gähnt vergnügt und löscht die Lampe aus.
Nur auf der Straße ist noch etwas Licht.
Man legt sich nieder. Doch man schläft noch nicht.
Der Herr von nebenan kommt erst nach Haus.
Man hört, wie er mit einer Dame spricht.

Nun klappt man seine Augendeckel zu,
und vor den Augen tanzen tausend Ringe.
Man denkt noch rasch an Geld und solche Dinge.
Im Nebenzimmer knarrt ein kleiner Schuh.
Wenn doch die Dame in Pantoffeln ginge!

Man legt den Kopf auf lauter kühle Kissen
und lächelt in den dunklen Raum hinein.
Wie schön das ist: Am Abend müde sein
und schlafen dürfen und von gar nichts wissen!
Und alle Sorgen sind wie Zwerge klein.

Der Herr von nebenan ist froh und munter.
Es klingt, als ob er ohne Anlass lacht.
Man hebt die Lider schwer und senkt sie sacht,
und schließt die Augen, – und die Welt geht unter!
Dann sagt man sich persönlich Gute Nacht.

Wenn bloß der Schwarze dieses Mal nicht käme!
Er steigt ins Bett und macht sich darin breit
und geht erst wieder, wenn man furchtbar schreit.
Man wünscht sich Träume, aber angenehme,
und für Gespenster hat man keine Zeit.

Man war einmal ein Kind, ist das auch wahr?
Und sagte mühelos: »Mein Herz ist rein.«
Das würde heute nicht mehr möglich sein.
Es geht auch so, auf eigene Gefahr.
Man zählt bis dreiundsiebzig. Und schläft ein.

## *Vorstadtstraßen*

Mit solchen Straßen bin ich gut bekannt.
Sie fangen an, als wären sie zu Ende.
Trinkt Magermilch! steht groß an einer Wand,
als ob sich das hier nicht von selbst verstände.

Es riecht nach Fisch, Kartoffeln und Benzin.
In diesen Straßen dürfte niemand wohnen.
Ein Fenster schielt durch schräge Jalousien.
Und welke Blumen blühn auf den Balkonen.

Die Häuser bilden Tag und Nacht Spalier
und haben keine weitern Interessen.
Seit hundert Jahren warten sie nun hier.
Auf wen sie warten, haben sie vergessen.

Die Nacht fällt wie ein großes altes Tuch,
von Licht durchlöchert, auf die grauen Mauern.
Ein paar Laternen gehen zu Besuch.
Und vor den Kellern sieht man Katzen kauern.

Die Häuser sind so traurig und so krank,
weil sie die Armut auf den Straßen trafen.
Aus einem Hof dringt ganz von ferne Zank.
Dann decken sich die Fenster zu und schlafen.

So sieht die Welt in tausend Städten aus!
Und keiner weiß, wohin die Straßen zielen.
An jeder zweiten Ecke steht ein Haus,
in dem sie Skat und Pianola spielen.

Ein Mann mit Sorgen geigt aus dritter Hand.
Ein Tisch fällt um. Die Wirtin holt den Besen.
Trinkt Magermilch! steht groß an einer Wand.
(Doch in der Nacht kann das ja niemand lesen.)

## *Elegie, ohne große Worte*

Man kann sich selber manchmal gar nicht leiden
und möchte sich vor Wut den Rücken drehn.
Wer will, ob das berechtigt ist, entscheiden?
Doch wer sich kennt, der wird mich schon verstehn.

Wenn eine Straßenbahn vorüberfegte,
kann es passieren, dass man sich höchst wundert,
warum man sich nicht einfach drunterlegte …
Und solche Fälle gibt es über hundert.

Man muss sich stets die gleichen Hände waschen!
Und wer Charakter hat, ist schon beschränkt!
Womit soll man sich denn noch überraschen?
Man muss schon gähnen, wenn man an sich denkt.

Man hängt sich meterlang zum Hals heraus.
In Worte lässt sich so was gar nicht kleiden.
Man blickt sich an – und hält den Blick nicht aus!
Und kann sich (siehe oben!) selbst nicht leiden.

Wie gerne wäre man dann dies oder das!
Ein Bild, ein Buch, im Wald ein Meilenstein,
ein Buschwindröschen oder sonst etwas!
Behüt dich Gott, es hat nicht sollen sein.

Jedoch auch solche Tage gehn herum.
Und man fährt fort, sich in die Brust zu werfen.
Der Doktor nickt und sagt: Das sind die Nerven …
Ja, wer zu klug wird, ist schon wieder dumm.

## *Eine Mutter zieht Bilanz*

Mein Sohn schreibt mir so gut wie gar nicht mehr.
Das heißt, zu Ostern hat er mir geschrieben.
Er denke gern an mich zurück, schrieb er,
und würde mich, wie stets, von Herzen lieben.

Das letzte Mal, als wir uns beide sahn,
das war genau vor zweidreiviertel Jahren.
Ich stehe manchmal an der Eisenbahn,
wenn Züge nach Berlin – dort wohnt er – fahren.

Und einmal kaufte ich mir ein Billett
und wäre beinah nach Berlin gekommen!
Doch dann begab ich mich zum Schalterbrett.
Dort hat man das Billett zurückgenommen.

Seit einem Jahr, da hat er eine Braut.
Das Bild von ihr will er schon lange schicken.
Ob er mich kommen lässt, wenn man sie traut?
Ich würde ihnen gern ein Kissen sticken.

Man weiß nur nicht, ob ihr so was gefällt …
Ob sie ihn wohl, wie er's verdiente, liebt?
Mir ist manchmal so einzeln auf der Welt.
Ob es auch zärtlichere Söhne gibt?

Wie war das schön, als wir zusammen waren!
Im gleichen Haus … Und in der gleichen Stadt …
Nachts lieg ich wach und hör die Züge fahren.
Ob er noch immer seinen Husten hat?

Ich hab von ihm noch ein Paar Kinderschuhe.
Nun ist er groß und lässt mich so allein.
Ich sitze still und habe keine Ruhe.
Am besten wär's, die Kinder blieben klein.

## *Das Herz im Spiegel*

Der Arzt notierte eine Zahl.
Er war ein gründlicher Mann.
Dann sprach er streng: »Ich durchleuchte Sie mal«,
Und schleppte mich nebenan.

Hier wurde ich zwischen kaltem Metall
zum Foltern aufgestellt.
Der Raum war finster wie ein Stall
und außerhalb der Welt.

Dann knisterte das Röntgenlicht.
Der Leuchtschirm wurde hell.
Und der Doktor sah mit ernstem Gesicht
mir quer durchs Rippenfell.

Der Leuchtschirm war seine Staffelei.
Ich stand vor Ergriffenheit stramm.
Er zeichnete eifrig und sagte, das sei
mein Orthodiagramm.

Dann brachte er ganz feierlich
einen Spiegel und zeigte mir den
und sprach: »In dem Spiegel können Sie sich
Ihr Wurzelwerk ansehn.«

Ich sah, wobei er mir alles beschrieb,
meine Anatomie bei Gebrauch.
Ich sah mein Zwerchfell im Betrieb
und die atmenden Rippen auch.

Und zwischen den Rippen schlug sonderbar
ein schattenhaftes Gewächs.
Das war mein Herz! Es glich aufs Haar
einem zuckenden Tintenklecks.

Ich muss gestehn, ich war verstört.
Ich stand zu Stein erstarrt.
Das war mein Herz, das dir gehört,
geliebte Hildegard?

Lass uns vergessen, was geschah,
und mich ins Kloster gehn.
Wer nie sein Herz im Spiegel sah,
der kann das nicht verstehn.

Kind, das Vernünftigste wird sein,
dass du mich rasch vergisst.
Weil so ein Herz wie meines kein
Geschenkartikel ist.

## *Gefährliches Lokal*

Mir träumte neulich, dass mein Stammcafé
auf einer Insel unter Palmen stünde.
Persönlich kenne ich bloß Warnemünde.
Doch Träume reisen gern nach Übersee.

Ich saß am Fenster und versank in Schweigen.
Wo sonst die Linie 56 hält,
war eine Art von Urwald aufgestellt.
Und Orang-Utans hingen in den Zweigen.

Sie waren sicher noch nicht lange da.
So leicht verändern sich die Metermaße!
Bevor ich kam, war's noch die Prager Straße.
Man setzt sich hin, schon ist es Sumatra.

Erst wollte ich den Oberkellner fragen,
dann dachte ich, es hätte keinen Zweck.
Was soll ein Kellner, namens Urbanek,
selbst wenn er wollte, weiter dazu sagen?

Dann ging die Tür. Das war der Doktor Uhl.
Und hinter ihm erschien ein schwarzer Panther.
Der setzte sich, als sei er ein Bekannter,
an meinem Tisch auf einen leeren Stuhl.

Ich fragte ihn betreten, ob er rauche.
Er sah mich an. Und sagte keinen Ton.
Dann kam der Wirt in eigener Person
und kitzelte den seltenen Gast am Bauche.

Der Ober brachte Erbspüree mit Speck.
Er hatte große Angst und ging auf Zehen.
Der Panther ließ das gute Essen stehen
und fraß den Kellner. Armer Urbanek!

Von oben drang der Klang der Billardbälle.
Der schwarze Panther war noch beim Diner.
Ich saß bestürzt in meinem Stammcafé.
Und sah nur Wald. Und keine Haltestelle.

Weil man mich dann zum Telefone rief
(ein Kunde wollte mich geschäftlich sprechen),
war ich genötigt, plötzlich aufzubrechen.
Als ich zurückkam, sah ich, dass ich schlief …

## *Möblierte Melancholie*

Mancher Mann darf, wie er möchte, schlafen.
Und er möchte selbstverständlich gern!
Andre Menschen will der Himmel strafen,
und er macht sie zu möblierten Herrn.

Er verschickt sie zu verkniffnen Damen.
In Logis. Und manchmal in Pension.
Blöde Bilder wollen aus den Rahmen.
Und die Möbel sagen keinen Ton.

Selbst das Handtuch möchte sauber bleiben.
Dreimal husten kostet eine Mark.
Um die alten Schachteln zu beschreiben,
ist kein noch so starkes Wort zu stark.

Das Klavier, die Köpfe und die Stühle
sind aus Überzeugung stets verstaubt.
Und die Nutzanwendung der Gefühle
ist den Aftermietern nicht erlaubt.

Und sie nicken nur noch wie die Puppen;
denn der Mund ist nach und nach vereist.
Untermieter sind Besatzungstruppen
in dem Reiche, das Familie heißt.

Alles, was erlaubt ist, ist verboten.
Wer die Liebe liebt, muss in den Wald.
Oder macht, noch besser, einen Knoten
in sein Maskulinum. Und zwar bald.

Die möblierten Herrn aus allen Ländern
stehen fremd und stumm in ihrem Zimmer.
Nur die Ehe kann den Zustand ändern.
(Doch die Ehe ist ja noch viel schlimmer.)

## *Der geregelte Zeitgenosse*

Hei, wie er die Zukunft auswendig wusste!
Er kannte die Höhe der Summe genau,
die man den Kindern und seiner Frau
nach seinem Tod auszahlen musste.

Er war berühmt als Vater und Gatte,
der Leben und Sterben und Diebstahl und Brand
versicherungsrechtlich geregelt hatte.
Er hatte das Schicksal glatt in der Hand.

Und wenn sich die Achse der Erde verböge:
Er wusste, wie viel er am ersten Mai
(vorausgesetzt, dass er am Leben sei)
in zwanzig Jahren Gehalt bezöge.

Gewohnheit umgab ihn mit hohen Mauern.
Sie rückten immer näher heran.
Und er begann, sich sehr zu bedauern.
Nicht immer, aber dann und wann.

Da half kein gesteigertes Innenleben.
Er wusste, was sie morgen besprächen
und was sie einander zur Antwort gäben
und wann und wie sie sich unterbrächen.

Das Lieben und Atmen und Zeitunglesen,
das wurde alles zu einem Amt.
Er war doch mal ein Mensch gewesen!
Das war vorbei, und er dachte: Verdammt!

Verschiedentlich fasste er Fluchtgedanken.
Er dachte speziell an Amerika.
Aber aus Angst, seine Frau könnte zanken,
blieb er dann doch immer wieder da.

## *Spruch in der Silvesternacht*

Man soll das Jahr nicht mit Programmen
beladen wie ein krankes Pferd.
Wenn man es allzu sehr beschwert,
bricht es zu guter Letzt zusammen.

Je üppiger die Pläne blühen,
umso verzwickter wird die Tat.
Man nimmt sich vor, sich zu bemühen,
und schließlich hat man den Salat!

Es nützt nicht viel, sich rot zu schämen.
Es nützt nichts, und es schadet bloß,
sich tausend Dinge vorzunehmen.
Lasst das Programm! Und bessert euch drauflos!

## *Das Genie*

Der Mensch, der in die Zukunft springt,
der geht zugrunde.
Und ob der Sprung missglückt, ob er gelingt, –
der Mensch, der springt,
geht vor die Hunde.

## *Im Auto über Land*

An besonders schönen Tagen
ist der Himmel sozusagen
wie aus blauem Porzellan.
Und die Federwolken gleichen
weißen, zart getuschten Zeichen,
wie wir sie auf Schalen sahn.

Alle Welt fühlt sich gehoben,
blinzelt glücklich schräg nach oben
und bewundert die Natur.
Vater ruft, direkt verwegen:
»'n Wetter, glatt zum Eierlegen!«
(Na, er renommiert wohl nur.)

Und er steuert ohne Fehler
über Hügel und durch Täler.
Tante Paula wird es schlecht.
Doch die übrige Verwandtschaft
blickt begeistert in die Landschaft.
Und der Landschaft ist es recht.

Um den Kopf weht eine Brise
von besonnter Luft und Wiese,
dividiert durch viel Benzin.
Onkel Theobald berichtet,
was er alles sieht und sichtet.
Doch man sieht's auch ohne ihn.

Den Gesang nach Kräften pflegend
und sich rhythmisch fortbewegend
strömt die Menschheit durchs Revier.
Immer rascher jagt der Wagen.
Und wir hören Vatern sagen:
»Dauernd Wald, und nirgends Bier.«

Aber schließlich hilft sein Suchen.
Er kriegt Bier. Wir kriegen Kuchen.
Und das Auto ruht sich aus.
Tante schimpft auf die Gehälter.
Und allmählich wird es kälter.
Und dann fahren wir nach Haus.

## *Gedanken beim Überfahrenwerden*

Halt, mein Hut! Ist das das Ende?
Groß ist so ein Autobus.
Und wo hab ich meine Hände?
Dass mir das passieren muss.

Artur wohnt gleich in der Nähe.
Und es regnet. Hin ist hin.
Wenn mich Dorothee so sähe!
Gut, dass ich alleine bin.

Hab ich die Theaterkarten,
als ich fortging, eingesteckt?
Pasternak wird auf mich warten.
Der Vertrag war fast perfekt.

Ist der Schreibtisch fest verschlossen?
Ohne mich macht Schwarz bankrott.
Gestern noch auf stolzen Rossen.
Morgen schon beim lieben Gott.

Bitte, nicht nach Hause bringen!
Dorothee erschrickt zu sehr.
Wer wird den Mephisto singen?
Na, ich hör ihn ja nicht mehr.

Und ich hab natürlich meinen
guten blauen Anzug an.
Anfangs wird sie furchtbar weinen.
Und dann kommt der nächste Mann.

Weitergehen! Das Gewimmel
hat doch wirklich keinen Sinn.
Hoffentlich gibt's keinen Himmel.
Denn da passe ich nicht hin.

Das Begräbnis erster Klasse,
mit Musik und echtem Sarg …
Dodo, von der Sterbekasse
kriegst du zirka tausend Mark.

Andre würden gerne sterben.
Noch dazu in voller Fahrt.
Nur die Möbel wirst du erben.
Wenn ich wenigstens gespart –

Dann erschien ein Arzt in Eile.
Doch es hatte keinen Zweck.
Anstandshalber blieb er eine Weile.
Und dann ging er wieder weg.

## *Prima Wetter*

Wo sind die Tage, die so traurig waren
und deren Traurigkeit uns so bezwang?
Die Sonne scheint. Das Jahr ist sich im Klaren.
Es ist, um schreiend aus der Haut zu fahren
und als Ballon den blauen Himmel lang!

Die grünen Bäume sind ganz frisch gewaschen.
Der Himmel ist aus riesenblauem Taft.
Die Sonnenstrahlen spielen kichernd Haschen.
Man sitzt und lächelt, zieht das Glück auf Flaschen
und lebt mit sich in bester Nachbarschaft.

Man könnte, denkt man, wenn man wollte, fliegen.
Vom Stuhle fort. Mit Kuchen und Kaffee.
Auf weißen Wolken wie auf Sofas liegen
und sich gelegentlich vornüber biegen
und denken: »Also das dort ist die Spree.«

Man könnte sich mit Blumen unterhalten
und Wiesen streicheln wie sein Fräulein Braut.
Man könnte sich in tausend Teile spalten
und vor Begeisterung die Hände falten.
Sie sind nur gar nicht mehr dafür gebaut.

Man zieht sich voller Zweifel an den Haaren.
Die Sonne scheint, als hätte es wieder Sinn.
Wo sind die Tage, die so traurig waren?
Es ist, um förmlich aus der Haut zu fahren.
Die größte Schwierigkeit ist nur: Wohin?

## *Direktor Körner ist unaufmerksam*

Manchmal,
wenn ernste Männer beisammen stehn
und auch du stehst mit dabei,
möchtest du leise beiseite gehn.
Wohin? Einerlei.

Du möchtest nur rasch den Bart ablegen
und die Falten von deiner Stirn
und das große und kleine Gehirn
und dich dann nicht mehr bewegen.

Und es fehlte nur noch Mutters Schürze.
Die war so weich und so hell.
Die Kindheit litt an zu großer Kürze.
Es ging zu schnell.

Und während du in dich verloren scheinst,
stehen noch immer die Männer herum.
Sie reden und reden, nur du bist stumm.
Und sie fragen, was du dazu meinst.

»Zu kurz!« sagst du, und du sagst das so,
weil dir die Kindheit zu kurz erschien.
Sie aber meinen den Zahlungstermin
für Schimmel & Co.

Da ruft der eine, er steht breitbeinig
und stemmt seinen Bauch:
»Da wären wir ja handelseinig,
Körner meint's auch!«

Er hat, was du gesprochen hast,
nicht kapiert, doch auch das hat sein Gutes.
Hauptsache, dass es trotzdem passt.
Und das tut es.

## *Junggesellen sind auf Reisen*

Ich bin mit meiner Mutter auf der Reise …
Wir fuhren über Frankfurt, Basel, Bern
zum Genfer See. Und dann ein Stück im Kreise.
Die Mutter schimpfte manchmal auf die Preise.
Jetzt sind wir in Luzern.

Die Schweiz ist schön. Man muss sich dran
    gewöhnen.
Man fährt auf Berge. Und man fährt auf Seen.
Und manchmal schmerzt der Leib von all dem
    Schönen.
Man trifft es oft, dass Mütter mit den Söhnen
auf Reisen gehn.

Das ist ein Glück: mit seiner Mutter fahren!
Weil Mütter doch die besten Frauen sind.
Sie reisten mit uns, als wir Knaben waren,
und reisen nun mit uns, nach vielen Jahren,
als wären sie das Kind.

Sie lassen sich die höchsten Gipfel zeigen.
Die Welt ist wieder wie ein Bilderbuch.
Sie können, wenn ein See ganz blau wird, schweigen
und haben stets, wenn sie in Züge steigen,
Angst um das Umschlagtuch.

Erst ist man sich noch etwas fremd. Wie immer,
seit man fern voneinander leben muss.
Jetzt schläft man, wie dereinst, im selben Zimmer.
Und sagt: »Schlaf wohl!« Und löscht den
 Lampenschimmer.
Und gibt sich einen Kuss.

Doch eh man's lernt, ist es zu Ende!
Wir bringen unsre Mütter bis nach Haus.
Frau Haubold sagt, dass sie das reizend fände.
Dann schütteln wir den Müttern kurz die Hände
und fahren wieder in die Welt hinaus.

## *Ganz vergebliches Gelächter*

Eines Tages fällt ihm plötzlich auf,
dass er schon seit Langem nicht mehr lachte.
Und nun prüft er seinen Lebenslauf,
was er denn inzwischen machte.

Manchmal, weiß er noch, war alles Sünde,
manchmal hat er wie ein Vieh geflucht.
Manchmal suchte er für alles Gründe,
wie man Kragenknöpfe sucht.

Doch nun will er lustig sein und lachen!
Früher hat er das ganz gut gebracht.
Und er wird es jetzt wie früher machen,
und er stellt sich hin – und lacht.

Ach, es ist ein schreckliches Gelächter!
Er erschrickt und wird schnell wieder stumm.
Warum, fragt er sich, klang es nicht echter?
Und er weiß es nicht, warum.

Und er geht dorthin, wo viele sitzen,
weil er hofft, er würde dann wie sie.
Und sie freuen sich an tausend Witzen –
nur er selber lächelt nie.

Er beschließt, sich einmal zu vergeuden.
Doch da spürt er, angesichts der Stadt,
dass er mit der Freude und den Freuden
so etwas wie Mitleid hat.

Dieser falsche Hochmut drückt ihn nieder,
und er sagt zu seiner Seele: Prost!
Nicht mehr froh zu sein und noch nicht wieder,
dafür weiß er keinen Trost.

Schließlich springt er auf den Autobus
und fährt blindlings in die späte Nacht.
Und er ahnt, dass er noch warten muss,
bis er ganz von selber wieder lacht.

## *Trottoircafé bei Nacht*

Hinter sieben Palmenbesen,
die der Wirt im Ausverkauf erstand,
sitzt man und kann seine Zeitung lesen,
und die Kellner lehnen an der Wand.

An den Garderobenständern
schaukeln Hüte, und der Abendwind
möchte sie in Obst verändern.
Aber Hüte bleiben, was sie sind.

Sterne machen Lichtreklame.
Leider weiß man nicht genau, für wen.
Und die Nacht ist keine feine Dame,
sondern lässt uns ihr Gewölbe sehn.

In der renommierten Küche
brät der dicke Koch Filet und Fisch.
Und er liefert sämtliche Gerüche
seiner Küche gratis an den Tisch.

Wenn man jetzt in einer Wiese
läge, und ein Reh trät aus dem Wald,
seine erste Frage wäre diese:
»Kästner, pst! Wie hoch ist Ihr Gehalt?«

Also bleibt man traurig hocken
und hält Palmen quasi für Natur.
Fliegen setzen sich auf süße Brocken.
Und der Mond ist nur die Rathausuhr.

Sieben Palmen wedeln mit den Fächern,
denn auch ihnen wird es langsam heiß.
Und die Nacht sitzt dampfend auf den Dächern.
Und ein Gast bestellt Vanille-Eis.

## *Selbstmörder halten Asternbuketts*

Wie oft man in der Zeitung liest,
dass der und der – weil er Geld unterschlug,
zur Flucht zu wenig, fürs Zuchthaus genug –
sich am Grabe der Mutter erschießt.

Die Selbstmörder sitzen am Elterngrab,
auf der kleinen, grünen Bank,
verstehen nicht mehr, wie sich alles begab,
und fühlen sich alt und krank.

Sie sagten, ehe sie gingen, zu Haus
(als jemand sie fragte, warum),
sie brächten nur rasch ein paar Blumen hinaus,
und nicht: sie brächten sich um.

Die Selbstmörder halten ein Asternbukett
und lesen den Text auf dem Stein:
»Hier ruht unsre gute Mutter, Frau Z.«,
und denken, sie wird es verzeihn.

Am anderen Ende der Ahornallee
ist ein Begräbnis im Gang.
Sie sehen Zylinder und fremdes Weh
und hören Männergesang.

Die Selbstmörder lächeln die Mutter an,
die unter dem Rasen ruht.
Dass ein toter Mensch nicht mehr sehen kann,
finden die Selbstmörder gut.

Das Wetter ist mäßig. Der Himmel ist grau.
Sie haben vom Leben genug.
Sie beichten alles der toten Frau,
und das ist ein schöner Zug.

Sie haben Pistolen zu sich gesteckt,
weil sehr viel Schande droht.
Und ehe man noch ihre Schuld entdeckt,
schießen sie sich tot …

Wie oft man in der Zeitung liest,
dass der und der – weil er Geld unterschlug
und seine Angst nicht länger ertrug –
sich am Grabe der Mutter erschießt.

## *Nächtliches Rezept für Städter*

Man nehme irgendeinen Autobus.
Es kann nicht schaden, einmal umzusteigen.
Wohin, ist gleich. Das wird sich dann schon zeigen.
Doch man beachte, dass es Nacht sein muss.

In einer Gegend, die man niemals sah
(das ist entscheidend für dergleichen Fälle),
verlasse man den Autobus und stelle
sich in die Finsternis und warte da.

Man nehme allem, was zu sehn ist, Maß.
Den Toren, Giebeln, Bäumen und Balkonen,
den Häusern und den Menschen, die drin wohnen.
Und glaube nicht, man täte es zum Spaß.

Dann gehe man durch Straßen. Kreuz und quer.
Und folge keinem vorgefassten Ziele.
Es gibt so viele Straßen, ach so viele!
Und hinter jeder Biegung sind es mehr.

Man nehme sich bei dem Spaziergang Zeit.
Er dient gewissermaßen höhern Zwecken.
Er soll das, was vergessen wurde, wecken.
Nach zirka einer Stunde ist's so weit.

Dann wird es sein, als liefe man ein Jahr
durch diese Straßen, die kein Ende nehmen.
Und man beginnt, sich seiner selbst zu schämen
und seines Herzens, das verfettet war.

Nun weiß man wieder, was man wissen muss,
statt dass man in Zufriedenheit erblindet:
dass man sich in der Minderheit befindet!
Dann nehme man den letzten Autobus,
bevor er in der Dunkelheit verschwindet …

## *Eine Frau spricht im Schlaf*

Als er mitten in der Nacht erwachte,
schlug sein Herz, dass er davor erschrak.
Denn die Frau, die neben ihm lag, lachte,
dass es klang, als sei der Jüngste Tag.

Und er hörte ihre Stimme klagen.
Und er fühlte, dass sie trotzdem schlief.
Weil sie beide blind im Dunkeln lagen,
sah er nur die Worte, die sie rief.

»Warum tötest du mich denn nicht schneller?«
fragte sie und weinte wie ein Kind.
Und ihr Weinen drang aus jenem Keller,
wo die Träume eingemauert sind.

»Wie viel Jahre willst du mich noch hassen?«
rief sie aus und lag unheimlich still.
»Willst du mich nicht weiterleben lassen,
weil ich ohne dich nicht leben will?«

Ihre Fragen standen wie Gespenster,
die sich vor sich selber fürchten, da.
Und die Nacht war schwarz und ohne Fenster.
Und schien nicht zu wissen, was geschah.

Ihm (dem Mann im Bett) war nicht zum Lachen.
Träume sollen wahrheitsliebend sein …
Doch er sagte sich: »Was soll man machen!«
und beschloss, nachts nicht mehr aufzuwachen.
Daraufhin schlief er getröstet ein.

## *Lessing*

Das, was er schrieb, war manchmal Dichtung,
doch um zu dichten schrieb er nie.
Es gab kein Ziel. Er fand die Richtung.
Er war ein Mann und kein Genie.

Er lebte in der Zeit der Zöpfe,
und er trug selber seinen Zopf.
Doch kamen seitdem viele Köpfe
und niemals wieder so ein Kopf.

Er war ein Mann, wie keiner wieder,
obwohl er keinen Säbel schwang.
Er schlug den Feind mit Worten nieder,
und keinen gab's, den er nicht zwang.

Er stand allein und kämpfte ehrlich
und schlug der Zeit die Fenster ein.
Nichts auf der Welt macht so gefährlich,
als tapfer und allein zu sein!

## *Misstrauensvotum*

Ihr sagt, ihr könntet in uns lesen.
Und nickt dazu. Und macht euch klein.
Ihr sagt, auch ihr wärt jung gewesen.
Es kann ja sein.

Ihr tragt Konfetti in den Bärten
und sagt, wir wären nicht allein.
Und fänden in euch Weggefährten.
Es kann ja sein.

Ihr hüpft wie Lämmer durch die Auen
und tanzt mit Kindern Ringelreihn.
Ihr sagt, wir dürften euch vertrauen.
Es kann ja sein.

Ihr mögt uns lieben oder hassen,
ihr treibt dergleichen nur aus Pflicht.
Wir sollen uns auf euch verlassen?
Ach, lieber nicht!

## *Herbst auf der ganzen Linie*

Nun gibt der Herbst dem Wind die Sporen.
Die bunten Laubgardinen wehn.
Die Straßen ähneln Korridoren,
in denen Türen offen stehn.

Das Jahr vergeht in Monatsraten.
Es ist schon wieder fast vorbei.
Und was man tut, sind selten Taten.
Das, was man tut, ist Tuerei.

Es ist, als ob die Sonne scheine.
Sie lässt uns kalt. Sie scheint zum Schein.
Man nimmt den Magen an die Leine.
Er knurrt. Er will gefüttert sein.

Das Laub verschießt, wird immer gelber,
nimmt Abschied vom Geäst und sinkt.
Die Erde dreht sich um sich selber.
Man merkt es deutlich, wenn man trinkt.

Wird man denn wirklich nur geboren,
um wie die Jahre zu vergehn?
Die Straßen ähneln Korridoren,
in denen Türen offen stehn.

Die Stunden machen ihre Runde.
Wir folgen ihnen Schritt für Schritt.
Und gehen langsam vor die Hunde.
Man führt uns hin. Wir laufen mit.

Man grüßt die Welt mit kalten Mienen.
Das Lächeln ist nicht ernst gemeint.
Es wehen bunte Laubgardinen.
Nun regnet's gar. Der Himmel weint.

Man ist allein und wird es bleiben.
Ruth ist verreist, und der Verkehr
beschränkt sich bloß aufs Briefeschreiben.
Die Liebe ist schon lange her!

Das Spiel ist ganz und gar verloren.
Und dennoch wird es weitergehn.
Die Straßen ähneln Korridoren,
in denen Türen offen stehn.

## *Ein Pessimist, knapp ausgedrückt*

Ein Pessimist ist, knapp ausgedrückt, ein Mann,
dem nichts recht ist.
Und insofern ist er verdrießlich.
Obwohl er sich, andrerseits, schließlich
(und wenn überhaupt) nur freuen kann,
gerade weil alles schlecht ist!

Einer von ihnen hat mir erklärt, wie das sei
und was ihn am meisten freute:
»Im schlimmsten Moment, der Geburt, sind die Leute
(hat er gesagt) schon dabei.
Doch gerade das schönste Erlebnis
erleben sie nie: ihr Begräbnis!«

## *Abschied in der Vorstadt*

Wenn man fröstelnd unter der Laterne steht,
wo man tausend Male mit ihr stand …
Wenn sie ängstlich wie ein Kind ins Dunkel geht,
winkt man lautlos mit der Hand.

Denn man weiß: man winkt das letzte Mal.
Und an ihrem Gange sieht man, dass sie weint.
War die Straße stets so grau und stets so kahl?
Ach, es fehlt bloß, dass der Vollmond scheint.

Plötzlich denkt man an das Abendbrot
und empfindet dies als gänzlich deplatziert.
Ihre Mutter hat zwei Jahre lang gedroht.
Heute folgt sie nun. Und geht nach Haus. Und friert.

Lust und Trost und Lächeln trägt sie fort.
Und man will sie rufen! Und bleibt stumm.
Und sie geht und wartet auf ein Wort!
Und sie geht und dreht sich nie mehr um.

## *Atmosphärische Konflikte*

Die Bäume schielen nach dem Wetter.
Sie prüfen es. Dann murmeln sie:
»Man weiß in diesem Jahre nie,
ob nun raus mit die Blätter
oder rin mit die Blätter
oder wie?«

Aus Wärme wurde wieder Kühle.
Die Oberkellner werden blass
und fragen ohne Unterlass:
»Also, raus mit die Stühle
oder rin mit die Stühle
oder was?«

Die Pärchen meiden nachts das Licht.
Sie hocken Probe auf den Bänken
in den Alleen, wobei sie denken:
»Raus mit die Gefühle
oder rin mit die Gefühle
oder nicht?«

Der Lenz geht diesmal auf die Nerven
und gar nicht, wie es heißt, ins Blut.
Wer liefert Sonne in Konserven?
Na, günstigen Falles
wird doch noch alles
gut.

Es ist schon warm. Wird es so bleiben?
Die Knospen springen im Galopp.
Und auch das Herz will Blüten treiben.
Drum, raus mit die Stühle
und rin mit die Gefühle,
als ob!

## *Der Kümmerer*

Der Kümmerer ist zwar ein Mann,
doch seine Männlichkeit hält sich in Grenzen.
Er nimmt sich zwar der Frauen an,
doch andre Männer ziehn die Konsequenzen.

Der Kümmerer ist ein Subjekt,
das Frauen, wenn es sein muss, zwar bedichtet,
hingegen auf den Endeffekt
von vornherein und überhaupt verzichtet.

Er dient den Frauen ohne Lohn.
Er liebt die Frau en gros, er liebt summarisch,
Er liebt die Liebe mehr als die Person.
Er liebt, mit einem Worte, vegetarisch!

Er wiehert nicht. Er wird nicht wild.
Er hilft beim Einkauf, denn er ist ein Kenner.
Sein Blick macht aus der Frau ein Bild.
Die andren Blicke werfen andre Männer.

Die Kümmerer sind nicht ganz neu.
Auch von von Goethe wird uns das bekräftigt.
Sein Clärchen war dem Egmont treu,
doch der war meist mit Heldentum beschäftigt.

So kam Herr Brackenburg ins Haus,
vertrieb die Zeit und half beim Wäschelegen.
Am Abend warf sie ihn hinaus.
Wer Goethes Werke kennt, der weiß weswegen.

Die Kümmerer sind sehr begehrt,
weil sie bescheiden sind und nichts begehren.
Sie wollen keinen Gegenwert.
Sie wollen nichts als da sein und verehren.

Sie heben euch auf einen Sockel,
der euch zum Denkmal macht und förmlich weiht.
Dann blicken sie durch ihr Monokel
und wundern sich, dass ihr unnahbar seid.

Dann knien sie hin und beten an.
Ihr gähnt und haltet euch mit Mühe munter.
Zum Glück kommt dann und wann ein Mann
und holt euch von dem Sockel runter!

## *Klassenzusammenkunft*

Sie trafen sich, wie ehemals,
im ersten Stock des Kneiplokals.
Und waren zehn Jahr älter.
Sie tranken Bier. (Und machten Hupp!)
Und wirkten wie ein Kegelklub.
Und nannten die Gehälter.

Sie saßen da, die Beine breit,
und sprachen von der Jugendzeit
wie Wilde vom Theater.
Sie hatten, wo man hinsah, Bauch.
Und Ehefrau'n hatten sie auch.
Und fünfe waren Vater.

Sie tranken rüstig Glas auf Glas
und hatten Köpfe bloß aus Spaß
und nur zum Hütetragen.
Sie waren laut und waren wohl
aus einem Guss, doch innen hohl,
und hatten nichts zu sagen.

Sie lobten schließlich haargenau
die Körperformen ihrer Frau,
den Busen und dergleichen.
Erst dreißig Jahr, und schon zu spät!
Sie saßen breit und aufgebläht
wie nicht ganz tote Leichen.

Da, gegen Schluss, erhob sich wer
und sagte kurzerhand, dass er
genug von ihnen hätte.
Er wünsche ihnen sehr viel Bart
und hundert Kinder ihrer Art
und gehe jetzt zu Bette. –

Den andern war es nicht ganz klar,
warum der Kerl gegangen war.
Sie strichen seinen Namen.
Und machten einen Ausflug aus.
Für Sonntag früh. Ins Jägerhaus.
Doch dieses Mal mit Damen.

## *Stiller Besuch*

Jüngst war seine Mutter zu Besuch.
Doch sie konnte nur zwei Tage bleiben.
Und sie müsse Ansichtskarten schreiben.
Und er las in einem dicken Buch.

Freilich war er nicht sehr aufmerksam.
Er betrachtete die Autobusse
und die goldnen Pavillons am Flusse
und den Dampfer, der vorüberschwamm.

Seine Mutter hielt den Kopf gesenkt.
Und sie schrieb gerade an den Vater:
»Heute Abend gehn wir ins Theater.
Erich kriegte zwei Billetts geschenkt.«

Und er tat, als ob er fleißig las.
Doch er sah die Nähe und die Ferne,
sah den Himmel und zehntausend Sterne
und die alte Frau, die drunter saß.

Einsam saß sie neben ihrem Sohn.
Leise lächelnd. Ohne es zu wissen.
Stadt und Sterne wirkten wie Kulissen.
Und der Wirtshausstuhl war wie ein Thron.

Ihn ergriff das Bild. Er blickte fort.
Wenn sie *mir* schreibt, musste er noch denken,
wird sie ihren Kopf genau so senken.
Und dann las er. Und verstand kein Wort.

Seine Mutter saß am Tisch und schrieb.
Ernsthaft rückte sie an ihrer Brille,
und die Feder kratzte in der Stille.
Und er dachte: Gott, hab ich sie lieb!

## *Rezitation bei Regenwetter*

Der Regen regnet sich nicht satt.
Es regnet hoffnungslosen Zwirn.
Wer jetzt 'ne dünne Schädeldecke hat,
dem regnet's ins Gehirn.

Im Rachen juckt's. Im Rücken zerrt's.
Es blöken die Bakterienherden.
Der Regen reicht allmählich bis ans Herz.
Was soll bloß daraus werden?

Der Regen bohrt sich durch die Haut.
Und dieser Trübsinn, der uns beugt,
wird, wie so Manches, subkutan erzeugt.
Wir sind porös gebaut.

Seit Wochen rollen Wolkenfässer
von Horizont zu Horizont.
Der Neubau drüben mit der braunen Front
wird von dem Regen täglich blässer.
Nun ist er blond.

Die Sonne wurde eingemottet.
Es ist, als lebte sie nicht mehr.
Ach, die Alleen, durch die man traurig trottet,
sind kalt und leer.

Man kriecht ins Bett. Das ist gescheiter,
als dass man klein im Regen steht.
Das geht auf keinen Fall so weiter,
wenn das so weiter geht.

## *Kleine Sonntagspredigt*

Jeden Sonntag hat man Kummer
und beträchtlichen Verdruss,
weil man an die Montagsnummer
seiner Zeitung denken muss.

Denn am Sonntag sind bestimmt
zwanzig Morde los gewesen!
Wer sich Zeit zum Lesen nimmt,
muss das montags alles lesen.

Eifersucht und Niedertracht
schweigen fast die ganze Woche.
Aber Sonntag früh bis nacht
machen sie direkt Epoche.

Sonst hat niemand Zeit dazu,
sich mit so was zu befassen.
Aber sonntags hat man Ruh,
und man kann sich gehen lassen.

Endlich hat man einmal Zeit,
geht spazieren, steht herum,
sucht mit seiner Gattin Streit
und bringt sie und alle um.

Gibt es wirklich nichts Gescheitres,
als sich, gleich gemeinen Mördern,
mit den Seinen ohne Weitres
in das Garnichts zu befördern?

Ach, die meisten Menschen sind
nicht geeignet, nichts zu machen!
Langeweile macht sie blind.
Dann passieren solche Sachen.

Lebten sie im Paradiese,
ohne Pflicht und Ziel und Not,
wär die erste Folge diese:
alle schlügen alle tot.

## *Die Fabel von Schnabels Gabel*

Kannten Sie Christian Leberecht Schnabel?
Ich habe ihn gekannt.
Vor seiner Zeit gab es die vierzinkige,
die dreizinkige
und auch schon die zweizinkige Gabel.
Doch jener Christian Leberecht Schnabel,
das war der Mann,
der in schlaflosen Nächten die einzinkige Gabel
entdeckte, bzw. erfand.

Das Einfachste ist immer das Schwerste.
Die einzinkige Gabel
lag seit Jahrhunderten auf der Hand.
Aber Christian Leberecht Schnabel
war eben der Erste,
der die einzinkige Gabel erfand!

Die Menschen sind wie die Kinder.
Christian Leberecht Schnabel
teilte mit seiner Gabel
das Schicksal aller Entdecker, bzw. Erfinder.

Einzinkige Gabeln,
wurde Schnabeln
erklärt,
seien nichts wert.

Sie entbehrten als Teil des Bestecks
jeden praktischen Zwecks,
und man könne, sagte man Schnäbeln,
mit seiner Gabel nicht gabeln.

Die Menschen glaubten tatsächlich, dass Schnabel
etwas Konkretes bezweckte,
als er die einzinkige Gabel
erfand, bzw. entdeckte!
Ha!

Ihm ging es um nichts Reelles.
(Und deshalb ging es ihm schlecht.)
Ihm ging es um Prinzipielles!
Und insofern hatte Schnabel
mit der von ihm erfundenen Gabel
natürlich recht.

## *Modernes Märchen*

Sie waren so sehr ineinander verliebt,
wie es das nur noch in Büchern gibt.
Sie hatte kein Geld. Und er hatte keins.
Da machten sie Hochzeit und lachten sich eins.

Er war ohne Amt. So blieben sie arm.
Und speisten zweimal in der Woche warm.
Er nannte sie trotzdem: »Mein Schmetterling.«
Sie schenkte ihm Kinder, so oft es nur ging.

Sie wohnten möbliert und waren nie krank.
Die Kinder schliefen im Kleiderschrank.
Zu Weihnachten malten sie kurzerhand
Geschenke mit Buntstiften an die Wand.

Und aßen Brot, als wär's Konfekt,
und spielten: Wie Gänsebraten schmeckt.
Dergleichen stärkt wohl die Fantasie.
Drum wurde der Mann, blitzblatz! ein Genie.

Schrieb schöne Romane. Verdiente viel Geld
und wurde der reichste Mann auf der Welt.
Erst waren sie stolz. Doch dann tat's ihnen leid,
denn der Reichtum schadet der Heiterkeit.

Sie schenkten das Geld einem Waisenkind.
Und wenn sie nicht gestorben sind …

## *Die Großeltern haben Besuch*

Für seine Kinder hat man keine Zeit.
(Man darf erst sitzen, wenn man nicht mehr gehn
kann.)
Erst bei den Enkeln ist man dann so weit,
dass man die Kinder ungefähr verstehn kann.

Spielt hübsch mit Sand und backt auch Sandgebäck!
Ihr seid so fern und trotzdem in der Nähe,
als ob man über einen Abgrund weg
in einen fremden bunten Garten sähe.

Spielt brav mit Sand und baut euch Illusionen!
Ihr und wir Alten wissen ja Bescheid:
Man darf sie bauen, aber nicht drin wohnen.
Ach, bleibt so klug, wenn ihr erwachsen seid!

Wir möchten euch auch später noch beschützen.
Denn da ist vieles, was euch dann bedroht.
Doch unser Wunsch wird uns und euch nichts
nützen.
Wenn ihr erwachsen seid, dann sind wir tot.

## *Ein Kubikkilometer genügt*

Ein Mathematiker hat behauptet,
dass es allmählich an der Zeit sei,
eine stabile Kiste zu bauen,
die tausend Meter lang, hoch und breit sei.

In diesem einen Kubikkilometer
hätten, schrieb er im wichtigsten Satz,
sämtliche heute lebenden Menschen
(das sind zirka zwei Milliarden) Platz!

Man könnte also die ganze Menschheit
in eine Kiste steigen heißen
und diese, vielleicht in den Kordilleren,
in einen der tiefsten Abgründe schmeißen.

Da lägen wir dann, fast unbemerkbar,
als würfelförmiges Paket.
Und Gras könnte über die Menschheit wachsen.
Und Sand würde daraufgeweht.

Kreischend zögen die Geier Kreise.
Die riesigen Städte stünden leer.
Die Menschheit läge in den Kordilleren.
Das wüsste dann aber keiner mehr.